Esta lista escrita en tres idiomas, cuatro si incluimos Latín, es un viejo proyecto de los autores, que L.O.L.A. se complace en realizar.

L.O.L.A. no sólo aspira a que esta Lista sea bien recibida por el público argentino, sino también por los numerosos extranjeros que visitan nuestro país.

Es también el deseo tanto de los autores como del editor, que residentes y extranjeros aprecien las maravillas naturales que tenemos en la Argentina, y tomen conciencia que hay que trabajar para preservar estas maravillas naturales de la depredación que las amenaza actualmente.

Diese dreisprachige Feldliste, viersprachige wenn wir Latein mit rechnen, ist ein langjäriger Wunsch der Verfasser.

L.O.L.A. erfreut sich heute dieses Projekt zu verwirklichen.

L.O.L.A. hat die Hoffnung, das diese Feldliste nicht nur von dem Argentinischen Publikum gut Empfangen wird, sondern auch von den vielzähligen Ausländern die uns Jährlich besuchen.

Es ist auch der Wunsch der Varfasser und Verleger das wir Argentinier wie auch Ausländer unsere Naturschätze bewundern, und das wir alle dazu sorgen dass diese Naturschätze erhalten bleiben.

This list in three languages, four if you include Latin, has been the dream of its authors for many years. L.O.L.A. is pleased to have made the dream a reality, and hopes that the list will find a public in Argentina, and among the increasing number of foreign visitors to our country.

It is also the wish of the authors and publisher that both residents and visitors come to appreciate the natural wealth that we have in Argentina, and realise that we have to work to preserve this wealth against the constant depredations to which now it is subject.

SPHENISCIDAE: PINGUINOS, PENGUINS, PINGUINE

1 Aptenodytes patagonicus, **Pingüino Rey,**
King penguin, *Königspinguin* - R

2 Aptenodytes forsteri, **Pingüino Emperador,**
Emperor Penguin, *Kaiserpinguin* - R

3 Pygoscelis papua, **Pingüino de Vincha,**
Gentoo Penguin, *Eselspinguin* - C

4 Pygoscelis antarctica, **Pingüino de Barbijo,**
Chinstrap-Penguin, *Kehlstreifpinguin* - C

5 Pygoscelis adeliae, **Pingüino de Ojo Blanco,**
Adelie Penguin, *Adeliepinguin* - C

6 Eudyptes crestatus, **Pingüino de Penacho Amarillo,**
Rockhopper-Penguin, *Felsenpinguin* - C

7 Eudyptes chrysolophus, **Pingüino de Frente Amarilla,**
Macaroni-Penguin, *Goldschopfpinguin* - C

8 Spheniscus magellanicus, **Pingüino Patagónico,**
Magellanic Penguin, *Magellanpinguin* - C

9 Spheniscus demersus, **Pingüino del Cabo,**
Jackass-Penguin, *Brillenpinguin* - A

RHEIDAE: ÑANDUES, RHEAS, NANDUS

10 Rhea americana, **Ñandú Común,**
Greater Rhea, *Nandu* - C

11 Pterocnemia pennata, **Ñandú Petiso,**
Lesser Rhea, *Darwinstrauss* - C

Esta "Lista de campo para las aves de Argentina" ha sido diseñada para facilitar a los observadores de aves la identificación y sus apuntes de campo.
Se dan los nombres técnicos y comunes en castellano, inglés y alemán.
Para cada una de las 983 especies se presenta un dibujo que destaca las características distintivas observables a campo y datos sobre presencia, distribución geográfica y hábitat codificados de la siguiente manera:

C: Común. Población abundante, ya sea en todo el territorio o bien restringida a un tipo de hábitat o localidad determinada.

E: Escasa. Población poco abundante, aunque puede tener amplia distribución.

R: Rara. Poco vista y/o conocida en cuanto a su distribución, hábitos, etc.

A: Accidental. Presencia inusual. Registrada ocasionalmente.

m: Migratoria. Presenta desplazamientos interhemisféricos o regionales, de toda o la mayor parte de la población.

NOTA:
Las distribuciones señaladas son tentativas, ya que en muchos casos la especie está en revisión y en otros los datos de colección y bibliográficos son insuficientes.

This "Field checklist to the birds of Argentina" is intended to favour birdwatchers in the identification and field notes.
It includes scientific names and common names in spanish, english and german.
Each of the 983 species is illustrated showing the more distinctive field marks, and information on occurrence, usual range (distribution) and habitat with the following codification:

C: Common. High population, widely distributed or restricted to a certain habitat or locality.

E: Scarce. Low population although may be widely distributed.

R: Rare. Seldom found and/or poorly known.

A: Accidental. Casual occurrence. Occasionally registred.

m: Migratory. Migrates regionally or interhemispheres, all or most of the population.

NOTE:
The distribution of birds as shown is tentative (very broad), as for many species there is not yet suffiecient accurate data, or work is in progress and the bibliographies are incomplete.

Diese "Feldliste zur Argentinischen Vogelwelt" wurde als Bestimmungshelfer und notierungen des Feldbeobachters entworfen.
Es werden die Wissenschaftlichen sowie die gewöhnlichen Namen in Spanish, English u. Deutsch angegeben.
Für jede, der 983 Arten, wurde eine Zeichnung gemacht, die ein erkennbares Merkmal der Art im Felde zeigt.
Es werden auch Daten über das Vorkommen, Geografische Verbreitung u. Lebensräume wie folgt angegeben:

C: Gewöhnlich, guter Bestand, das kann im Ganzen Land, oder in gewisse Lebensräume, sowie besondere Bezirke sein.

E: Ungewöhnlich, lockere Bestände, aber kann Grosse Verbreitung haben.

R: Selten, nicht oft zu sehen, u. mit wenig bekannter Verbreitung, Biologie, u.s.w.

A: Irrgast, kaum beobachtet.

m: Zugvogel, lange oder lokale Wanderungen, teilweise oder ganze Bevölkerung.

: Restringida a la Prov. de Misiones y alrededores.
: Restricted to Misiones province and surroundings
: Für Provinz Misiones u. Umgebung beschränkt.

: Restringida a Tierra del Fuego y alrededores.
: Restricted to Tierra del Fuego and surroundings.
: Für Feuerland u. Umgebung beschränkt.

: Región Antártica y Subantártica.
: Antarctic and subantarctic region.
: Antarktik u. Subantarktik, Verbreitet.

: Noreste.
: Northeast.
: Nordosten.

: Norte.
: North.
: Norden.

: Noroeste.
: Northwest.
: Nordwesten.

: Este.
: East.
: Osten.

: Sudeste.
: Southeast.
: Südosten.

: Sur.
: South.
: Süden.

: Sudoeste.
: Southwest.
: Südwesten.

: Oeste.
: West.
: Westen.

: En todo el país.
: Whole country.
: Im Ganzen Land.

: Región Andina.
: Andean region.
: Anden Bezirk.

: Litoral Atlántico.
: Atlantic shoreline.
: Atlantische Küste.

: Selva o bosque.
: Jungle or Forest.
: Wald und Urwald.

: Región central.
: Central region.
: Zentral Bezirk.

: Región central y chaqueña.
: Central and Chaco region.
: Zentral u. Chaco Bezirk.

TINAMIDAE: TATAUPAES INAMBUES MARTINETAS, TINAMOUS, STEISSHÜHNER

12 Tinamus solitarius, **Macuco,**
Solitary Tinamou, *Grausteisstinamu* - C

13 Crypturellus obsoletus, **Tataupá Grande,**
Brown Tinamou, *Kastanientinamu* - C

14 Crypturellus undulatus, **Tataupá Listado,**
Undulated Tinamou, *Wellentinamu* - C

15 Crypturellus parvirostris, **Tataupá Chico,**
Small-Billed Tinamou, *Kleinschnabeltinamu* - C

16 Crypturellus tataupa, **Tataupá Común,**
Tataupa Tinamou, *Tataupa* - C

17 Rhynchotus rufescens, **Inambú Colorado,**
Red-Winged Tinamou, *Pampahuhn* - C

18 Nothura ornata, **Inambú Serrano Grande**
Ornate Tinamou, *Pisacca* - C

19 Nothura cinerascens, **Inambú Montaraz**
Brushland Tinamou, *Cordobasteisshuhn* - C

20 Nothura pentlandii, **Inambú Serrano Chico**
Andean Tinamou, *Andensteisshuhn* - C

21 Nothura maculosa, **Inambú Chico Común**
Spotted Nothura, *Fleckensteisshuhn* - C

22 Nothura darwinii, **Inambú Chico Pálido**
Darwin's Nothura, *Darwinsteisshuhn* - C

23 Nothura chacoensis, **Inambú Chico Chaqueño**
Chaco Nothura, *Chacosteisshuhn* - C

24 Eudromia elegans, **Martineta Común**
Elegant Crested-Tinamou, *Perlsteisshuhn* - C

25 Eudromia formosa, **Martineta Grande**
Quebracho Crested-Tinamou, *Schmucksteisshuhn* -

26 Tinamotis pentlandii, **Quiula**
Puna Tinamou, *Punasteisshuhn* - C

27 Tinamotis ingoufi, **Inambú Patagónico**
Patagonian Tinamou, *Patagoniensteisshuhn* - C

PODICIPEDIDAE: MACAES, GREBES, LAPPENTAUCHER

28 Tachybaptus dominicus, **Macá Chico**
Least Grebe, *Schwarzkopftaucher* - C

29 Podiceps rolland, **Macá Común**
White-Tufted Grebe, *Rollandtaucher* - C

30 Podiceps occipitalis, **Macá Plateado**
Silvery Grebe, *Inkataucher* - C

31 Podiceps gallardoi, **Macá Tobiano**
Hooded Grebe, *Goldscheiteltaucher* - E

32 Podiceps major, **Macá Grande**
Great Grebe, *Magellantaucher* - C

33 Podilymbus podiceps, **Macá de Pico Grueso**
Pied-Billed Grebe, *Bindentaucher* - C

DIOMEDEIDAE: ALBATROS ALBATROSSES, ALBATROSSE

34 Diomedea exulans, **Albatros Errante**
Wandering Albatross, *Wanderalbatros* - C

35 Diomedea epomophora, **Albatros Real**
Royal Albatross, *Königsalbatros* - E

36 Diomedea melanophris, **Albatros de Ceja Negra**
Black-Browed Albatross, *Mollymauk* - C

37 Diomedea cauta, **Albatros de Corona Blanca**
White-Capped Albatross, *Weisskappenalbatros* - R

38 Diomedea chlororhynchos, **Albatros de Pico Delgado**
Yellow-Nosed Albatross, *Gelbnasenalbatros* - E

39 Diomedea chrysostoma, **Albatros de Cabeza Gris**
Gray-Headed Albatross, *Graukopfalbatros* - E

40 Phoebetria palpebrata, **Albatros Oscuro Chico**
Light-Mantled Albatross, *Russalbatros* - E

41 Phoebetria fusca, **Albatros Oscuro Grande**
Sooty Albatross, *Dunkelalbatros* - E

PROCELLARIIDAE: PETRELES, SHEARWATERS FULMARS PETRELS, STURMVÖGEL

42 Macronectes giganteus, **Petrel Gigante del Sur**
Giant Fulmar, *Riesensturmvogel* - C

43 Macronectes halli, **Petrel Gigante del Norte**
Northern Giant Fulmar, *Hallsturmvogel* - C

44 Daption capense, **Petrel Damero**
Cape Petrel, *Kapsturmvogel* - C

45 Fulmarus glacialoides, **Petrel Plateado**
Southern Fulmar, *Silbersturmvogel* - C

46 Thalassoica antarctica, **Petrel Antártico**
Antarctic Petrel, *Weissflügel-Sturmvogel* - E

47 Pterodroma macroptera, **Petrel Apizarrado**
Gray-Faced Petrel, *Langflügel-Sturmvogel*

48 Pterodroma brevirostris, **Petrel de Kerguelen**
Kerguelen Petrel, *Kerguelensturmvogel* - R

49 Pterodroma lessonii, **Petrel de Cabeza Blanca**
White-Headed Petrel, *Weisskopf-Sturmvogel* - E

50 Pterodroma incerta, **Petrel de Alas Negras**
Hooded Petrel, *Schlegelsturmvogel* - R

51 Pterodroma externa, **Petrel de Juan Fernández**
White-Necked Petrel, *Salvinsturmvogel* - R

52 Pterodroma mollis, **Petrel de Collar Gris**
Soft-Plumaged Petrel, *Weichfedern-Sturmvogel* - R

53 Halobaena caerulea, **Petrel Azulado**
Blue Petrel, *Blausturmvogel* - E

54 Pagodroma nivea, **Petrel Blanco**
Snow-Petrel, *Schneesturmvogel* - E

55 Pachyptila vittata, **Petrel Ballena de Pico de Pato**
Broad-Billed Prion, *Grosser Entensturmvogel* - R

56 Pachyptila desolata, **Petrel Ballena de Pico Ancho**
Dove Prion, *Taubensturmvogel* - R

57 Pachyptila belcheri, **Petrel Ballena de Pico Delgado**
Slender-Billed Prion, *Belchersturmvogel* - C

58 Pachyptila turtur, **Petrel Ballena Chico**
Fairy Prion, *Feensturmvogel* - R

59 Procellaria cinerea, **Petrel Gris**
Gray Petrel, *Grausturmvogel* - C

60 Procellaria aequinoctialis, **Petrel de Barba Blanca**
White-Chinned Petrel, *Weisskinn-Sturmvogel* - C

61 Calonectris diomedea, **Pardela Cenicienta**
Cory's Shearwater, *Gelbschnabel-Sturmtaucher* - E

62 Puffinus gravis, **Pardela de Capucho Negro**
Greater Shearwater, *Kappensturmtaucher* - C

63 Puffinus griseus, **Pardela Negra**
Sooty Shearwater, *Dunkelsturmtaucher* - C

64 Puffinus puffinus, **Pardela Común**
Common Shearwater, *Schwarzschnabel-Sturmtaucher* - C

65 Puffinus assimilis, **Pardela Chica**
Little Shearwater, *Kleiner Sturmtaucher* - E

HYDROBATIDAE: PETRELES DE LAS TORMENTAS, STORM-PETRELS, STURMSCHWALBEN

66 Oceanites oceanicus, **Petrel de las Tormentas Común**
Wilson's Storm-Petrel, *Buntfuss-Sturmschwalbe* - C

67 Pelagodroma marina, **Petrel de las Tormentas Ojeroso**
White-Faced Storm-Petrel, *Weissgesicht-Sturmschwalbe* - E

68 Fregetta tropica, **Petrel de las Tormentas de Vientre Negro**
Black-Bellied Storm-Petrel, *Schwarzbauch-Meerläufer* - E

69 Fregetta grallaria, **Petrel de las Tormentas de Vientre Blanco**
White-Bellied Storm-Petrel, *Weissbauch-Meerläufer* - R

70 Garrodia nereis, **Petrel de las Tormentas Gris**
Gray-Backed Storm-Petrel, *Graurücken-Sturmschwalbe* - R

PELECANOIDIDAE: PETRELES ZAMBULLIDORES, DIVING-PETRELS, LUMMENSTURMVöGEL

71 Pelecanoides magellani, **Petrel Zambullidor Moteado**
Magellanic Diving-Petrel, *Magellansturmvogel* - C

72 Pelecanoides georgicus, **Petrel Zambullidor Chico**
Georgian Diving-Petrel, *Breitschnabelsturmvogel* - E

73 Pelecanoides urinatrix, **Petrel Zambullidor Común**
Common Diving-Petrel, *Lummensturmvogel* - C

SULIDAE: PIQUEROS, GANNETS, TÖLPEL

74 Sula leucogaster, **Piquero Pardo**
Brown Booby, *Brauntölpel* - R

PHALACROCORACIDAE: CORMORANES, CORMORANTS, KORMORANE

75 Phalacrocorax olivaceus, **Biguá**
Neotropic Cormorant, *Biguascharbe* - C

76 Phalacrocorax magellanicus, **Cormorán de Cuello Negro**
Rock Cormorant, *Felsenscharbe* - C

77 Phalacrocorax bougainvillii, **Guanay**
Guanay Cormorant, *Guanoscharbe* - R

78 Phalacrocorax atriceps, **Cormorán Imperial**
Blue-Eyed Cormorant, *Blauaugenscharbe* - C

79 Phalacrocorax albiventer, **Cormorán Real**
King Cormorant, *Königsscharbe* - C

80 Phalacrocorax gaimardi, **Cormorán Gris**
Red-Legged Cormorant, *Buntscharbe* - E

ANHINGIDAE: ANHINGAES, DARTERS, SCHLANGENHALSVÖGEL

81 Anhinga anhinga, **Aningá**
Anhinga, *Anhinga* - E

FREGATIDAE: AVEFRAGATAS, FRIGATEBIRDS, FREGATTVÖGEL

82 Fregata magnificens, **Ave Fragata**
Magnificent Frigatebird, *Prachtfregattvogel* - R

ARDEIDAE: GARZAS, HERONS, REIHER

83 Ardea cocoi, **Garza Mora**
White-Necked Heron, *Sokoireiher* - C

84 Butorides striatus, **Garcita Azulada**
Striated Heron, *Mangrovereiher* - C

85 Bubulcus ibis, **Garcita Bueyera**
Cattle Egret, *Kuhreiher* - C

86 Egretta alba, **Garza Blanca**
Great Egret, *Silberreiher* - C

87 Egretta thula, **Garcita Blanca**
Snowy Egret, *Schmuckreiher* - C

88 Syrigma sibilatrix, **Chiflón**
Whistling Heron, *Pfeifreiher* - C

89 Nycticorax nycticorax, **Garza Bruja**
Black-Crowned Night-Heron, *Nachtreiher* - C

90 Cochlearius cochlearius, **Garza Cucharona**
Boat-Billed Heron, *Kahnschnabel* - R

91 Tigrisoma lineatum, **Hocó Colorado**
Rufescent Tiger-Heron, *Marmorreiher* - C

92 Tigrisoma fasciatum, **Hocó Oscuro**
Fasciated Tiger-Heron, *Salmonreiher* - E

93 Ixobrychus involucris, **Mirasol Común**
Stripe-Backed Bittern, *Streifendommel* - C

94 Ixobrychus exilis, **Mirasol Chico**
Least Bittern, *Indianerdommel* - R

95 Botarus pinnatus, **Mirasol Grande**
Pinnated Bittern, *Südamerikanische Rohrdommel* - E

CICONIIDAE: CIGÜEÑAS, STORKS, STÖRCHE

96 Mycteria americana, **Tuyuyú**
American Wood-Stork, *Waldstorch* - C

97 Ciconia maguari, **Tuyango**
Maguari Stork, *Maguaristorch* - C

98 Jabiru mycteria, **Yabirú**
Jabiru-Stork, *Jabiru* - C

THRESKIORNITHIDAE: BANDURRIAS CUERVILLOS, IBISES, IBISSE

99 Harpiprion caerulescens, **Bandurria Mora**
Plumbeous Ibis, *Stirnbandibis* - C

100 Theristicus caudatus, **Bandurria común**
Buff-Necked Ibis, *Weisshalsibis* - C

+ 

101 Mesembrinibis cayennensis, **Tapicurú**
Green-Ibis, *Cayenneibis* - C

Δ 

102 Phimosus infuscatus, **Cuervillo de Cara Roja**
Bare-Faced Ibis, *Mohrenibis* - C

L 

103 Plegadis chihi, **Cuervillo de Cañada**
White-Faced Ibis, *Brillensichler* - C

L 

104 Plegadis ridgwayi, **Yanavico**
Puna Ibis, *Schmalschnabelsichler* - E

A⅃ 

105 Ajaia ajaja, **Espátula**
Roseate Spoonbill, *Rosalöffler* - C

L 

PHOENICOPTERIDAE: FLAMENCOS, FLAMINGOS, FLAMINGOS

106 Phoenicopterus chilensis, **Flamenco**
Chilean Flamingo, *Chileflamingo* - C

+ 

107 Phoenicoparrus andinus, **Parina Grande**
Andean Flamingo, *Gelbfussflamingo* - E

A⅃ 

108 Phoenicoparrus jamesi, **Parina Chica**
Puna Flamingo, *Kurzschnabelflamingo* - E

A⅃ 

ANHIMIDAE: CHAJAES, SCREAMERS, WEHRVÖGEL

109 Chauna torquata, **Chajá**
Southern Screamer, *Halsband-Tschaja* - C

L 

ANATIDAE: CISNES GANSOS PATOS, SWANS GEESE DUCKS, SCHWÄNE GÄNSE ENTEN

110 Dendrocygna bicolor, **Pato Silbón Común**
Fulvous Tree-Duck, *Gelbbrustpfeifgans* - C

111 Dendrocygna viduata, **Pato Silbón de Cara Blanca**
White-Faced Tree-Duck, *Witwenpfeifgans* - C

112 Dendrocygna autumnalis, **Pato Silbón de Vientre Negro**
Black-Bellied Tree-Duck, *Rotschnabel-pfeifgans* - C

113 Coscoroba coscoroba, **Cisne Coscoroba**
Coscoroba Swan, *Coscorobaschwan* - C

114 Cygnus melancoryphus, **Cisne de Cuello Negro**
Black-Necked Swan, *Schwarzhalsschwan* - C

115 Chloephaga melanoptera, **Guayata**
Andean Goose, *Andengans* - C

116 Chloephaga hybrida, **Cauquén Blanco,**
Kelp Goose, *Kelpgans* - C

117 Chloephaga picta, **Cauquén Común**
Upland Goose, *Magellangans* - C

118 Chloephaga poliocephala, **Cauquén de Cabeza Gris**
Ashy-Headed Goose, *Graukopfgans* - C

119 Chloephaga rubidiceps, **Cauquén de Cabeza Colorada**
Ruddy-Headed Goose, *Rotkopfgans* - R

120 Chloephaga jubata, **Ganso del Monte**
Orinoco Goose, *Orinocogans* - E

121 Lophonetta specularioides, **Pato Crestón**
Crested Duck, *Schopfente* - C

122 Tachyeres brachypterus, **Pato Vapor Malvinero** ***Falkland Flightless Steamer-Duck,*** *Flakland-Dampfschiffente* - C

123 Tachyeres leucocephalus, **Pato Vapor de Cabeza Blanca,** ***White-Headed Flightless Steamer-Duck,*** *Weisskopf-Dampfschiffente* - C

124 Tachyeres pteneres, **Pato Vapor Grande,** ***Flightless Steamer-Duck,*** *Magellan-Dampfschiffente* - C

125 Tachyeres patachonicus, **Pato Vapor Volador** ***Flying Steamer-Duck,*** *Langflügel-Dampfschiffente* - C

126 Anas specularis, **Pato de Anteojos** ***Spectacled Duck,*** *Kupferspiegelente* - C

127 Anas flavirostris, **Pato Barcino** ***Speckled Teal,*** *Andenente* - C

128 Anas sibilatrix, **Pato Overo** ***Chiloé Wigeon,*** *Chilenenpfeifente* - C

129 Anas bahamensis, **Pato Gargantilla** ***Bahama Pintail,*** *Bahamaente* - E

130 Anas georgica, **Pato Maicero** ***Yellow-Billed Pintail,*** *Spitzschwanzente* - C

131 Anas versicolor, **Pato Capuchino** ***Silver Teal,*** *Silberente* - C

132 Anas puna, **Pato Puna** ***Puna Teal,*** *Punaente* - C

133 Anas discors, **Pato Media Luna** ***Blue-Winged Teal,*** *Blauflügelente* - C

134 Anas cyanoptera, **Pato Colorado**
Cinnamon Teal, *Zimtente* - C

135 Anas platalea, **Pato Cuchara**
Red Shoveler, *Fuchslöffelente* - C

136 Callonetta leucophrys, **Pato de Collar**
Ringed Teal, *Rotschulterente* - C

137 Merganetta armata, **Pato de Torrente**
Torrent Duck, *Sturzbachente* - C

138 Netta peposaca, **Pato Picazo**
Rosy-Billed Pochard, *Peposakaente* - C

139 Netta erythrophthalma, **Pato Castaño**
Southern Pochard, *Rotaugenente* - R

140 Amazonetta brasiliensis, **Pato Cutirí**
Brasilian Teal, *Amazonasente* - C

141 Sarkidiornis melanotos, **Pato Crestudo**
Comb Duck, *Glanzente* - E

142 Cairina moschata, **Pato Real**
Muscovy Duck, *Moschusente* - C

143 Oxyura ferruginea, **Pato Zambullidor Grande**
Ruddy Duck, *Schwarzkopf-Ruderente* - C

144 Oxyura vittata, **Pato Zambullidor Chico**
Lake Duck, *Bindenruderente* - C

145 Nomonyx dominica, **Pato Fierro**
Masked Duck, *Maskenente* - C

146 Heteronetta atricapilla, **Pato de Cabeza Negra**
Black-Headed Duck, *Kuckucksente* - C

147 Mergus octosetaceus, **Pato Serrucho**
Brazilian Merganser, *Dunkelsäger* - R

??Δ 

CATHARTIDAE: CONDORES Y JOTES, AMERICAN VULTURES, NEUWELTGEIER

148 Cathartes aura, **Jote de Cabeza Colorada**
Turkey Vulture, *Truthahngeier* - C

+ 

149 Cathartes burrovianus, **Jote Chico de Cabeza Amarilla**
Lesser Yellow-Headed Vulture, *Kleiner Gelbkopfgeier* - C

L 

150 Cathartes melambrotos, **Jote Grande de Cabeza Amarilla**
Greater Yellow-Headed Vulture, *Grosser Gelbkopfgeier* - A

┘ 

151 Coragyps atratus, **Jote de Cabeza Negra**
Black Vulture, *Rabengeier* - C

⊥ 

152 Vultur gryphus, **Cóndor**
Andean Condor, *Kondor* - C

A+ 

153 Sarcoramphus papa, **Jote Real**
King Vulture, *Königsgeier* - C

??⊥ 

ACCIPITRIDAE: GAVILANES AGUILAS, AGUILUCHOS ESPARVEROS, HAWKS EAGLES HARRIERS KITES, WEIHEN ADLER BUSSARDE SPERBER

154 Circus cinereus, **Gavilán Ceniciento**
Cinereous Harrier, *Grauweihe* - C

+ 

155 Circus buffoni, **Gavilán de Alas Largas**
Long-Winged Harrier, *Weissbrauenweihe* - C

L 

156 Geranospiza caerulescens, **Gavilán de Patas Largas**
Crane Hawk, *Sperberweihe* - C

⊥ 

157 Accipiter bicolor, **Esparvero Común**
Bicolored Hawk, *Zweifarbensperber* - C

158 Accipiter striatus, **Esparvero Chico**
Sharp-Shinned Hawk, *Eckschwanzsperber* - C

159 Accipiter poliogaster, **Esparvero Grande**
Gray-Bellied Hawk, *Graubauchhabicht* - R

160 Accipiter superciliosus, **Esparvero Gris**
Tiny Hawk, *Däumlingssperber* - R

161 Heterospizias meridionalis, **Aguilucho Colorado**
Savanna Hawk, *Savannenbussard* - C

162 Leucopternis polionota, **Aguilucho Blanco**
Mantled Hawk, *Mantelbussard* - R

163 Buteo nitidus, **Aguilucho Gris**
Gray Hawk, *Zweibindenbussard* - E

164 Buteo magnirostris, **Gavilán Común**
Roadside Hawk, *Wegebussard* - C

165 Buteo leucorrhous, **Gavilán Negro**
White-Rumped Hawk, *Weissbürzelbussard* - E

166 Buteo brachyurus, **Aguilucho de Cola Corta**
Short-Tailed Hawk, *Kurzschwanzbussard* - E

167 Buteo albigula, **Aguilucho Andino**
White-Throated Hawk, *Weisskehlbussard* - E

168 Buteo polyosoma, **Aguilucho Común**
Red-Backed Hawk, *Rotrückenbussard* - C

169 Buteo poecilochrous, **Aguilucho Puna**
Puna Hawk, *Punabussard* - E

170 Buteo albicaudatus, **Aguilucho de Cola Blanca**
White-Tailed Hawk, *Weisschwanzbussard* - C

171 Buteo ventralis, **Aguilucho de Cola Rojiza**
Rufous-Tailed Hawk, *Magellanbussard* - E

172 Buteo swainsoni, **Aguilucho Langostero**
Swainson's Hawk, *Präriebussard* - C

173 Geranoaetus melanoleucus, **Aguila Mora**
Black-Chested Buzzard-Eagle, *Aguja* - C

174 Parabuteo unicinctus, **Gavilán Mixto**
Bay-Winged Hawk, *Wüstenbussard* - C

175 Busarellus nigricollis, **Aguilucho Pampa**
Black-Collared Hawk, *Fischbussard* - C

176 Buteogallus urubitinga, **Aguila Negra**
Great Black Hawk, *Urubitinga* - C

177 Harpyhaliaetus solitarius, **Aguila Solitaria**
Solitary Eagle, *Einsiedleradler* - E

178 Harpyhaliaetus coronatus, **Aguila Coronada**
Crowned Eagle, *Streitadler* - C

179 Harpia harpyja, **Harpía**
Harpy Eagle, *Harpyie* - R

180 Morphnus guianensis, **Aguila Monera**
Crested Eagle, *Würgadler* - R

181 Oroaetus isidori, **Aguila Calzada Castaña**
Black-and-Chestnut Eagle, *Isidoradler* - R

182 Spizastur melanoleucus, **Aguila Calzada Blanca**
Black-and-White Hawk-Eagle, *Elsteradler* - R

183 Spizaetus ornatus, **Aguila Calzada Barreada**
Ornate Hawk-Eagle, *Prachtadler* - R

184 Spizaetus tyrannus, **Aguila Calzada Negra**
Black Hawk-Eagle, *Tyrannenadler* - R

185 Harpagus diodon, **Gavilán Bidentado**
Rufous-Thighed Kite, *Braunschenkelweih* - E

186 Rostrhamus sociabilis, **Gavilán Caracolero**
Snail Kite, *Schneckenweih* - C

187 Chondrohierax uncinatus, **Gavilán de Garfio**
Hook-Billed Kite, *Langschnabelweih* - E

188 Ictinia plumbea, **Gavilán Azulado Grande**
Plumbeous Kite, *Schwebeweih* - C

189 Ictinia mississippiensis, **Gavilán Azulado Chico**
Mississippi Kite, *Mississippiweih* - E

190 Leptodon cayanensis, **Gavilán de Cabeza Gris**
Gray-Headed Kite, *Cayenneweih* - E

191 Elanoides forficatus, **Gavilán Tijereta**
Swallow-Tailed Kite, *Schwalbenweih* - C

192 Elanus leucurus, **Gavilán Blanco**
White-Tailed Kite, *Weisschwanzaar* - C

193 Gampsonyx swainsonii, **Gavilancito Blanco**
Pearl Kite, *Perlaar* - E

PANDIONIDAE: AGUILAS PESCADORAS, OSPREYS, FISCHADLER

194 Pandion haliaetus, **Aguila Pescadora**
Osprey, *Fischadler* - E

FALCONIDAE: CARACARAS HALCONES, CARACARAS FALCONS, GEIERFALKEN FALKEN

195 Herpetotheres cachinnans, **Guaicurú**
Laughing Falcon, *Lachfalke* - C

196 Micrastur semitorquatus, **Halcón de Collar**
Collared Forest-Falcon, *Kappenwaldfalke* - C

197 Micrastur ruficollis, **Halcón de Cuello Rojizo**
Barred Forest-Falcon, *Sperberwaldfalke* - C

198 Spiziapteryx circumcinctus, **Halconcito Gris**
Spot-Winged Falconet, *Tropfenfalke* - C

199 Polyborus albogularis, **Matamico Blanco**
White-Throated Caracara, *Weisskehl-Karakara* - E

200 Polyborus megalopterus, **Matamico Andino**
Mountain Caracara, *Bergkarakara* - E

201 Polyborus australis, **Matamico Grande**
Striated Caracara, *Falkland-Karakara* - C

202 Polyborus chimango, **Chimango**
Chimango Caracara, *Chimango* - C

203 Polyborus chimachima, **Chimachima**
Yellow-Headed Caracara, *Chimachima* - C

204 Polyborus plancus, **Carancho**
Crested Caracara, *Karakara* - C

205 Falco peregrinus, **Halcón Peregrino**
Peregrine Falcon, *Wanderfalke* - E

206 Falco deiroleucus, **Halcón Negro Grande**
Orange-Breasted Falcon, *Rotbrustfalke* - R

207 Falco rufigularis, **Halcón Negro Chico**
Bat Falcon, *Fledermausfalke* - C

208 Falco femoralis, **Halcón Aplomado**
Aplomado Falcon, *Aplomadofalke* - C

209 Falco sparverius, **Halconcito Colorado**
American Kestrel, *Buntfalke* - C

CRACIDAE: PAVAS DE MONTE CHARATAS YACUTINGAS MUITUES, CHACHALACAS GUANS CURASSOWS, HOKKOHÜHNER

210 Ortalis canicollis, **Charata**
Chaco Chachalaca, *Chacoguan* - C

211 Penelope obscura, **Pava de Patas Negras**
Dusky-Legged Guan, *Bronzeguan* - C

212 Penelope dabbenei, **Pava de Cara Roja**
Red-Faced Guan, *Rotgesichtguan* - E

213 Penelope montagnii, **Pava Andina**
Andean Guan, *Andenguan* - E

214 Penelope superciliaris, **Yacupoí**
Rusty-Margined Guan, *Schakupemba* - E

215 Aburria jacutinga, **Yacutinga**
Black-Fronted Piping-Guan, *Schakutinga* - E

216 Crax fasciolata, **Muitú**
Bare-Faced Curassow, *Nacktgesichthokko* - R

PHASIANIDAE: CODORNICES URUES, QUAILS, ZAHNWACHTELN

217 Lophortyx californica, **Codorniz de California**
California Quail, *Schopfwachtel* - E

218 Odontophorus capueira, **Urú**
Spot-Winged Wood-Quail, Capueirawachtel - C

??Δ

ARAMIDAE: CARAUES, LIMPKINS, RALLENKRANICHE

219 Aramus guarauna, **Carau**
Limpkin, Rallenkranich - C

L

RALLIDAE: BURRITOS POLLAS DE AGUA GALLARETAS, RAILS GALLINULES COOTS, RALLEN SUMPFHÜHNER BLÄSSHÜHNER

220 Rallus sanguinolentus, **Gallineta Común**
Plumbeous Rail, Grauralle - C

+

221 Rallus nigricans, **Gallineta Negruzca**
Blackish Rail, Trauerralle - C

Δ

222 Rallus antarcticus, **Gallineta Chica**
Austral Rail, Magellanralle - R

˥

223 Rallus maculatus, **Gallineta Overa**
Spotted Rail, Pardelralle - E

L

224 Aramides cajanea, **Chiricote**
Gray-Necked Wood-Rail, Cayenneralle - C

⅃

225 Aramides ypecaha, **Ipacaá**
Giant Wood-Rail, Ypecaha-Ralle - C

L

226 Aramides saracura, **Saracura**
Slaty-Breasted Wood-Rail, Saracura-Ralle - C

Δ

227 Porzana albicollis, **Burrito Grande**
Ash-Throated Crake, Wieselsumpfhuhn - C

L

228 Poliolimnas flaviventer, **Burrito Enano**
Yellow-Breasted Crake, Gelbbrust-Sumpfhuhn - R

L

229 Laterallus jamaicensis, **Burrito Negruzco**
Black Crake, *Schieferralle* - R

230 Laterallus spilopterus, **Burrito Overo**
Dot-Winged Crake, *Fleckenralle* - E

231 Laterallus melanophaius, **Burrito Silbón**
Rufous-Sided Crake, *Rothalsralle* - C

232 Laterallus leucopyrrhus, **Burrito Rojizo**
Red-and-White Crake, *Weissbrustralle* - C

233 Coturnicops notata, **Burrito Pintado**
Speckled Crake, *Meridaralle* - E

234 Neocrex erythrops, **Burrito de Pico Rojo**
Paint-Billed Crake, *Goldschnabelralle* - E

235 Porphyriops melanops, **Polla de Agua Pintada**
Spot-Flanked Gallinule, *Maskenpfuhlhuhn* - C

236 Gallinula chloropus, **Polla de Agua Negra**
Common Gallinule, *Teichhuhn* - C

237 Porphyrula martinica, **Polla de Agua Azul**
Purple Gallinule, *Zwergsultanshuhn* - C

238 Porphyrula flavirostris, **Polla de Agua Celeste**
Azure Gallinule, *Azursultanshuhn* - E

239 Fulica ardesiaca, **Gallareta Apizarrada**
Slate-Colored Coot, *Schieferblässhuhn* - E

240 Fulica armillata, **Gallareta de Ligas Rojas**
Red-Gartered Coot, *Gelbschnabel-Blässhuhn* - C

241 Fulica leucoptera, **Gallareta de Alas Blancas**
White-Winged Coot, *Weissflügel-Blässhuhn* - C

242 Fulica rufifrons, **Gallareta de Escudete Rojo**
Red-Fronted Coot, *Rotstirn-Blässhuhn* - C

243 Fulica gigantea, **Gallareta Gigante**
Giant Coot, *Riesenblässhuhn* - C

244 Fulica cornuta, **Gallareta Cornuda**
Horned Coot, *Rüsselblässhuhn* - E

HELIORNITHIDAE: AVES DEL SOL, FINFOOTS, BINSENRALLEN

245 Heliornis fulica, **Ipequí**
Sungrebe, *Zwergbinsenralle* - E

CARIAMIDAE: CHUÑAS, SERIEMAS, SERIEMAS

246 Cariama cristata, **Chuña de Patas Rojas**
Red-Legged Seriema, *Seriema* - C

247 Chunga burmeisteri, **Chuña de Patas Negras**
Black-Legged Seriema, *Tschunja* - C

JACANIDAE: GALLITOS DE AGUA, JACANAS, BLATTHÜHNCHEN

248 Jacana jacana, **Gallito de Agua**
Wattled Jacana, *Rotstirn-Jassana* - C

ROSTRATULIDAE: AGUATEROS, PAINTED SNIPES, GOLDSCHNEPFEN

249 Nycticryphes semicollaris, **Aguatero**
South American Painted-Snipe, *Weissflecken-Goldschnepfe* - C

HAEMATOPODIDAE: OSTREROS, OYSTERCATCHERS, AUSTERNFISCHER

250 Haematopus palliatus, **Ostrero Común**
American Oystercatcher, *Braunmantel-Austernfischer* - C

251 Haematopus leucopodus, **Ostrero Overo**
Magellanic Oystercatcher, *Magellanausternfischer* - C

252 Haematopus ater, **Ostrero Negro**
Blackish Oystercatcher, *Russausternfischer* - C

CHARADRIIDAE: TEROS Y CHORLITOS, LAPWINGS PLOVERS, KIEBITZE REGENPFEIFER

253 Vanellus chilensis, **Tero Común**
Southern Lapwing, *Cayennekiebitz* - C

254 Vanellus resplendens, **Tero Serrano**
Andean Lapwing, *Andenkiebitz* - C

255 Hoploxypterus cayanus, **Tero de Espolón**
Pied Lapwing, *Diademkiebitz* - A

256 Pluvialis squatarola, **Chorlo Artico**
Black-Bellied Plover, *Kiebitzregenpfeifer* - C m

257 Pluvialis dominica, **Chorlo Pampa**
American Golden Plover, *Wanderregenpfeifer* - C m

258 Charadrius semipalmatus, **Chorlito Semipalmado**
Semipalmated Plover, *Sandregenpfeifer* - m

259 Charadrius falklandicus, **Chorlito de Doble Collar**
Two-Banded Plover, *Falkland-Regenpfeifer* - C m

260 Charadrius alticola, **Chorlito Serrano**
Puna Plover, *Punaregenpfeifer* - C

261 Charadrius collaris, **Chorlito de Collar**
Collared Plover, *Azararegenpfeifer* - C

262 Oreopholus ruficollis, **Chorlo Cabezón**
Tawny-Throated Dotterel, *Klippenregenpfeifer* - C m

263 Eudromias modestus, **Chorlito de Pecho Castaño**
Rufous-Chested Dotterel, *Rotbrust-Regenpfeifer* - C m

264 Pluvianellus socialis, **Chorlito Ceniciento**
Magellanic Plover, *Magellanregenpfeifer* - C

265 Phegornis mitchellii, **Chorlito de las Ciénagas**
Diademed Sandpiper-Plover, *Bänderregenpfeifer* - E

SCOLOPACIDAE: CHORLOS BECASINAS, SANDPIPERS SNIPES, WASSERLÄUFER SCHNEPFEN

266 Arenaria interpres, **Chorlito Vuelvepiedras**
Ruddy Turnstone, *Steinwälzer* - C m

267 Tringa melanoleuca, **Chorlo Mayor de Patas Amarillas**
Greater Yellowlegs, *Grosser-Gelbschenkel* - C m

268 Tringa flavipes, **Chorlo Menor de Patas Amarillas**
Lesser Yellowlegs, *Gelbschenkel* - C m

269 Tringa solitaria, **Chorlito Solitario**
Solitary Sandpiper, *Einsiedelwasserläufer* - C m

270 Tringa macularia, **Chorlito Manchado**
Spotted Sandpiper, *Drosseluferläufer* - m

271 Catoptrophorus semipalmatus, **Chorlo de Alas Overas**
Willet, *Schlammtreter* - A m

272 Calidris canutus, **Chorlo Rojizo**
Red Knot, *Knutt* - C m

273 Calidris alba, **Chorlito Blanco**
Sanderling, *Sanderling* - C m

274 Calidris pusilla, **Chorlito Enano**
Semipalmated Sandpiper, *Sandstrandläufer* - A m

275 Calidris fuscicollis, **Chorlito de Rabadilla Blanca**
White-Rumped Sandpiper, *Weissbürzel-Strandläufer* - C m

276 Calidris bairdii, **Chorlito de Alas Largas**
Baird's Sandpiper, *Bairdstrandläufer* - C m

277 Calidris melanotos, **Chorlito Pectoral**
Pectoral Sandpiper, *Graubrust-Strandläufer* - C m

278 Calidris ferruginea, **Chorlito Errante**
Curlew-Sandpiper, *Sichelstrandläufer* - A m

279 Micropalama himantopus, **Chorlito Zancudo**
Stilt Sandpiper, *Bindenstrandläufer* - E m

280 Tryngites subruficollis, **Chorlito Canela**
Buff-Breasted Sandpiper, *Grasläufer* - C m

281 Bartramia longicauda, **Batitú**
Upland Sandpiper, *Prärieläufer* - C m

282 Numenius phaeopus, **Chorlo Trinador**
Whimbrel, *Regenbrachvogel* - C m

283 Numenius borealis, **Chorlo Esquimal**
Eskimo Curlew, *Eskimobrachvogel* - † ?

284 Limosa haemastica, **Becasina de Mar**
Hudsoniam Godwit, *Hudsonschnepfe* - C m

285 Limnodromus scolopaceus, **Becasina de Patas Verdes**
Long-Billed Dowitcher, *Langschnabel-Schlammläufer* - E m

286 Gallinago paraguaiae, **Becasina Común**
Magellanic Snipe, *Azarabekassine* - C

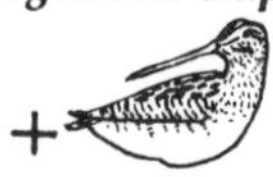

287 Gallinago andina, **Becasina Andina**
Puna Snipe, *Punabekassine* - E

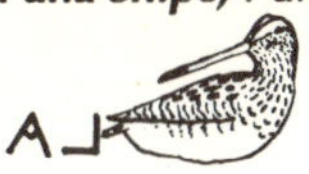

288 Capella stricklandii, **Becasina Grande**
Cordilleran Snipe, *Cordillerenbekassine* - E

289 Capella undulata, **Becasina Real**
Giant Snipe, *Riesenbekassine* - A

RECURVIROSTRIDAE: TEROS REALES, STILTS AVOCETS, STELZENLÄUFER

290 Himantopus melanurus, **Tero Real**
Common Stilt, *Stelzenläufer* - C

291 Recurvirostra andina, **Caití**
Andean Avocet, *Andensäbelschnäbler* - C

PHALAROPODIDAE: FALAROPOS, PHALAROPES, WASSERTRETER

292 Phalaropus fulicarius, **Chorlito Palmado Rojizo**
Red Phalarope, *Thorshühnchen* - A m

293 Steganopus tricolor, **Chorlito Palmado Grande**
Wilson's Phalarope, *Wilsonhühnchen* - C m

294 Phalaropus lobatus, **Chorlito Palmado Chico**
Northern Phalarope, *Odinshühnchen* - E m

THINOCORIDAE: AGACHONAS, SEEDSNIPES, HÖHENLÄUFER

295 Attagis gayi, **Agachona Grande**
Rufous-Bellied Seedsnipe, *Kordillerenläufer* - C m

296 Attagis malouinus, **Agachona patagónica**
White-Bellied Seedsnipe, *Magellanläufer* - C m

297 Thinocorus orbignyianus, **Agachona de Collar**
Gray-Breasted Seedsnipe, *Graukehl-Höhenläufer* - C m

298 Thinocorus rumicivorus, **Agachona de Corbata**
Least Seedsnipe, *Zwerghöhenläufer* - C m

CHIONIDIDAE: CHORLOTES BLANCOS ANTARTICOS, SHEATHBILLS, SCHEIDENSCHNÄBEL

299 Chionis alba, **Chorlote Blanco Antártico**
Snowy Sheathbill, *Weissgesicht-Scheidenschnabel* - C m

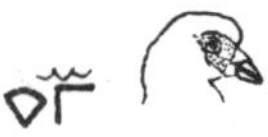

STERCORARIIDAE: SKUAS SALTEADORES, SKUAS JAEGERS, RAUBMÖWEN

300 Catharacta skua, **Gaviota Parda Común**
Great Skua, *Skua* - C

301 Catharacta maccormicki, **Gaviota Parda Antártica**
South Polar Skua, *Südpolskua* - C

302 Stercorarius pomarinus, **Salteador Grande**
Pomarine Jaeger, *Spatelraubmöwe* - E m

303 Stercorarius parasiticus, **Salteador Chico**
Parasitic Jaeger, *Schmarotzerraubmöwe* - E m

304 Stercorarius longicaudus, **Salteador Coludo**
Long-Tailed Jaeger, *Falkenraubmöwe* - E m

LARIDAE: GAVIOTAS GAVIOTINES, GULLS TERNS, MÖWEN SEESCHWALBEN

305 Leucophaeus scoresbii, **Gaviota Cenicienta**
Dolphin Gull, *Blutschnabelmöwe* - C

306 Larus modestus, **Gaviota Garuma**
Gray Gull, *Graumöwe* - A

307 Larus atlanticus, **Gaviota Cangrejera**
Olrog's Gull, *Olrogmöwe* - C

308 Larus dominicanus, **Gaviota Cocinera**
Kelp Gull, *Dominikanermöwe* - C

309 Larus pipixcan, **Gaviota Chica de Capucho Negro**
Franklin's Gull, *Franklinmöwe* - A m

310 Larus cirrocephalus, **Gaviota de Capucho Gris**
Gray-Hooded Gull, *Graukopfmöwe*

311 Larus serranus, **Gaviota Andina**
Andean Gull, *Andenmöwe* - C

312 Larus maculipennis, **Gaviota de Capucho Café**
Brown-Hooded Gull, *Patagonienmöwe* - C

313 Larus fuscus, **Gaviota Sombría**
Lesser Black-backed Gull, *Heringsmöwe* - A m

314 Chlidonias niger, **Gaviotín Negro**
Black Tern, *Trauerseeschwalbe* - E m

315 Phaetusa simplex, **Gaviotín de Pico Grande**
Large-Billed Tern, *Grosschnabel-Seeschwalbe* - C

316 Gelochelidon nilotica, **Gaviotín de Pico Negro**
Gull-Billed Tern, *Lachseeschwalbe* - C

317 Sterna hirundinacea, **Gaviotín Golondrina Grande**
South American Tern, *Falkland-Seeschwalbe* - C

318 Sterna hirundo, **Gaviotín Golondrina Chico**
Common Tern, *Flusseeschwalbe* - C m

319 Sterna paradisaea, **Gaviotín Artico**
Arctic Tern, *Küstenseeschwalbe* - E m

320 Sterna vittata, **Gaviotín Antártico**
Antarctic Tern, *Antipoden-Seeschwalbe* - E m

321 Sterna trudeaui, **Gaviotín Común**
Snowy-Crowned Tern, *Weisskopf-Seeschwalbe* - C

322 Sterna superciliaris, **Gaviotín Chico Mayor**
Yellow-Billed Tern, *Amazonasseeschwalbe* - E

323 Sterna albifrons, **Gaviotín Chico Menor**
Least Tern, *Zwergseeschwalbe - E m*

324 Sterna maxima, **Gaviotín Real**
Royal Tern, *Königsseeschwalbe* - C

325 Sterna sandvicensis, **Gaviotín Grande de Pico Negro**
Sandwich Tern, *Brandseeschwalbe* - E m

326 Sterna eurygnatha, **Gaviotín Grande de Pico Amarillo**
Cayenne Tern, *Cayenne-Seeschwalbe* - C

RYNCHOPIDAE: RAYADORES, SKIMMERS, SCHERENSCHNÄBEL

327 Rynchops niger, **Rayador**
Black Skimmer, *Schwarzmantel-Scherenschnabel* - C

COLUMBIDAE: PALOMAS TORCACITAS YERUTIES, PIGEONS DOVES, TAUBEN

328 Columba livia, **Paloma Doméstica**
Rock-Pigeon, *Felsentaube* - C

329 Columba fasciata, **Paloma de Nuca Blanca**
Band-Tailed Pigeon, *Bandtaube*

330 Columba araucana, **Paloma Araucana**
Chilean Pigeon, *Araukanertaube* - E

331 Columba speciosa, **Paloma Trocal**
Scaled Pigeon, *Schuppenbrusttaube* - A

332 Columba picazuro, **Picazuró**
Picazuro Pigeon, *Picazurotaube* - C

333 Columba maculosa, **Paloma Manchada**
Spot-Winged Pigeon, *Flackentaube* - C

334 Columba cayennensis, **Paloma Colorada**
Pale-Vented Pigeon, *Rotrückentaube* - C

335 Columba plumbea, **Paloma Plomiza**
Plumbeous Pigeon, *Weintaube* - E

336 Zenaida auriculata, **Torcaza**
Eared Dove, *Ohrflecktaube* - C

337 Columbina picui, **Torcacita**
Picui Ground-Dove, *Picuitäubchen* - C

338 Columbina minuta, **Palomita Enana**
Plain-Breasted Ground-Dove, *Zwergtäubchen* - E

339 Columbina talpacoti, **Palomita Colorada**
Ruddy Ground-Dove, *Rosttäubchen* - C

340 Columbina squammata, **Palomita Escamosa**
Scaled Dove, *Schuppentäubchen* - E

341 Claravis pretiosa, **Palomita Azulada**
Blue Ground-Dove, *Schmucktäubchen* - C

342 Claravis godefrida, **Palomita de Ala Morada**
Purple-Winged Ground-Dove, *Purpurbindentäubchen* - E

343 Metriopelia ceciliae, **Palomita Moteada**
Bare-Faced Ground- Dove, *Nacktgesichttäubchen* - E

344 Metriopelia morenoi, **Palomita de Ojos Desnudos**
Bare-Eyed Ground-Dove, *Morenotäubchen* - C

345 Metriopelia aymara, **Palomita de Alas Doradas**
Golden-Spotted Ground-Dove, *Aymaratäubchen* - E

346 Metriopelia melanoptera, **Palomita de Alas Negras**
Black-Winged Ground-Dove, *Weissbugtäubchen* - C

347 Leptotila verreauxi, **Yerutí Común**
White-Tipped Dove, *Blauringtaube* - C

348 Leptotila megalura, **Yerutí Coludo**
Large-Tailed Dove, *Weissgesichttaube* - C

349 Leptotila rufaxilla, **Yerutí Rojizo**
Gray-Fronted Dove, *Rotachseltaube* - C

350 Geotrygon montana, **Paloma Montera Castaña**
Ruddy Quail-Dove, *Bergtaube* - C

351 Geotrygon violacea, **Paloma Montera Violácea**
Violaceous Quail-Dove, *Bischofstaube* - C

352 Geotrygon frenata, **Paloma Montera Grande**
White-Throated Quail-Dove, *Zügeltaube* - C

PSITTACIDAE: GUACAMAYOS LOROS COTORRAS, MACAWS PARROTS PAREKEETS, MACAWS PAPAGEIEN SITTICHE

353 Anodorhynchus glaucus, **Guacamayo Azul**
Glaucous Macaw, *Türkisara* - † ?

354 Ara ararauna, **Guacamayo Amarillo y Azul**
Blue-and-Yellow Macaw, *Ararauna* - A

355 Ara caninde, **Guacamayo Caninde**
Caninde Macaw, *Kaninde* - R

356 Ara militaris, **Guacamayo de Frente Roja**
Military Macaw, *Soldatenara* - R

357 Ara chloroptera, **Guacamayo Rojo**
Red-and-Green Macaw, *Grünflügelara* - R

358 Ara auricollis, **Maracaná de Cuello Amarillo**
Golden-Collared Macaw, *Halsbandara* - C

359 Ara maracana, **Maracaná de Dorso Rojo**
Blue-Winged Macaw, *Marakana* - C

360 Aratinga acuticaudata, **Calancate**
Blue-Crowned Parakeet, *Spitzschwanzsittich* - C

361 Aratinga mitrata, **Loro de Cara Roja**
Mitred Parakeet, *Rotmaskensittich* - C

362 Aratinga leucophthalmus, **Loro de Ala Roja**
White-Eyed Parakeet, *Pavuasittich* - C

363 Aratinga aurea, **Cotorra de Frente Naranja**
Peach-Fronted Parakeet, *Goldstirnsittich* - E

364 Aratinga nenday, **Ñenday**
Black-Hooded Parakeet, *Nandaysittich* - C

365 Cyanoliseus patagonus, **Loro Barranquero**
Burrowing Parrot, *Felsensittich* - C

366 Pyrrhura frontalis, **Chiripepé de Cabeza Verde**
Reddish-Bellied Parakeet, *Braunohrsittich* - C

367 Pyrrhura molinae, **Chiripepé de Cabeza Gris**
Green-cheeked Parakeet, *Molinasittich* - C

368 Microsittace ferruginea, **Cachaña**
Austral Parakeet, *Smaragdsittich* - C

369 Myiopsitta monachus, **Cotorra Común**
Monk Parakeet, *Mönchsittich* - C

370 Bolborhynchus aymara, **Catita Serrana Grande**
Gray-Hooded Parakeet, *Aymarasittich* - C

371 Bolborhynchus aurifrons, **Catita Serrana Chica**
Mountain Parkeet, *Zitronensittich* - C

372 Forpus xanthopterygius, **Catita Enana**
Blue-Winged Parrotlet, *Blauflügel-Sperlingspapagei* - C

373 Brotogeris versicolurus, **Catita de Alas Amarillas**
Canary-Winged Parakeet, *Weissflügelsittich* - C

374 Pionopsitta pileata, **Catita de Cabeza Roja**
Red-Capped Parrot, *Scharlachkopfpapagei* - C

375 Pionus maximiliani, **Loro Choclero**
Scaly-Headed Parrot, *Maximilianpapagei* - C

376 Amazona pretrei, **Chorao**
Red-Spectacled Parrot, *Prachtamazone* - E

377 Amazona tucumana, **Loro Alisero**
Alder Parrot, *Tucuman-Amazone* - C

378 Amazona aestiva, **Loro Hablador**
Turquoise-Fronted Parrot, *Rotbugamazone* - C

379 Amazona vinacea, **Loro Vináceo**
Vinaceous-Breasted Parrot, *Taubenhalsamazone* - E

380 Triclaria malachitacea, **Loro de Vientre Azul**
Blue-Bellied Parrot, *Blaubauch* - A

CUCULIDAE: ANOES CUCLILLOS CUCOS, ANIS CUCKOOS, ANIS KUCKUCKE

381 Coccyzus americanus, **Cuclillo de Alas Rojizas**
Yellow-Billed Cuckoo, *Gelbschnabelkuckuck* - E m

⊥ 

382 Coccyzus melacoryphus, **Cuclillo Canela**
Dark-Billed Cuckoo, *Galapagoskuckuck* - C m

⊥ 

383 Coccyzus cinereus, **Cuclillo chico**
Ash-Colored Cuckoo, *Graukehlkuckuck* - C m

⊥ 

384 Coccyzus erythrophthalmus, **Cuclillo de Ojo Colorado**
Black-Billed Cuckoo, *Schwarzschnabelkuckuck* - A m

Δ 

385 Coccyzus euleri, **Cuclillo Ceniciento**
Pearly-Breasted Cuckoo, *Perlbrustkuckuck* - E m

Δ 

386 Piaya cayana, **Tingazú**
Squirrel Cuckoo, *Cayennekuckuck* - C

⊥ 

387 Crotophaga major, **Anó Grande**
Greater ani, *Riesenani* - C m

⊥ 

388 Crotophaga ani, **Anó Chico**
Smooth-Billed Ani, *Glattschnabel-Ani* - C

⊥ 

389 Crotophaga sulcirostris, **Anó de Pico Surcado**
Groove-Billed Ani, *Riefenschnabel-Ani* - A m

⊥ 

390 Guira guira, **Pirincho**
Guira Cuckoo, *Guirakuckuck* - C

⊥ 

391 Tapera naevia, **Crespín**
Striped Cuckoo, *Vierflügelkuckuck* - C m

⊥ 

392 Dromococcyx phasianellus, **Yasiyateré Grande**
Pheasant Cuckoo, *Rotschopfkuckuck* - E

Δ 

393 Dromococcyx pavoninus, **Yasiyateré Chico**
Pavonine Cuckoo, *Pfauenkuckuck* - E

Δ 

TYTONIDAE: LECHUZAS DE LOS CAMPANARIOS, BARN OWLS, SCHLEIEREULEN

394 Tyto alba, **Lechuza de los Campanarios**
Barn Owl, *Schleiereule* - C

\+ 

STRIGIDAE: LECHUZAS CABURES LECHUZONES, OWLS, EULEN KÄUZE

395 Otus höyi, **Alilicucu de Höy**
Höy's Screech-Owl, *Höyeule* - C

♀♀┘ 

396 Otus choliba, **Alilicucu Común**
Tropical Screech-Owl, *Cholibaeule* - C

⊥ 

397 Otus atricapillus, **Alilicucu Grande**
Long-Tufted Screech-Owl, *Kappeneule* - C

Δ 

398 Bubo virginianus, **Ñacurutú**
Great Horned Owl, *Virginia-Uhu* - C

\+ 

399 Pulsatrix perspicillata, **Lechuzón Grande de Collar**
Spectacled Owl, *Brillenkauz* - C

♀♀┘ 

400 Pulsatrix koeniswaldiana, **Lechuzón Chico de Collar**
Tawny-Browed Owl, *Gelbbrauenkauz* - E

Δ 

401 Glaucidium jardinii, **Caburé Andino**
Andean Pygmy-Owl, *Andenkauz* - C

♀♀┘ 

402 Glaucidium brasilianum, **Caburé Chico**
Ferruginous Pygmy-Owl, *Strichelkauz* - C

⊥ 

403 Glaucidium nanum, **Caburé Grande**
Austral Pygmy-Owl, *Araukanerkauz* - C

⊣ 

404 Athene cunicularia, **Lechucita de las Vizcacheras**
Burrowing Owl, *Kaninchenkauz* - C

\+ 

405 Ciccaba virgata, **Lechuza Moteada**
Mottled Owl, *Sprenkelkauz* - C

Δ 

406 Ciccaba huhula, **Lechuza Negra**
Black-Banded Owl, *Zebrakauz* - E

??⊥ 

407 Strix rufipes, **Lechuza Bataraz**
Rufous-Legged Owl, *Rostfusskauz* - C

\+ 

408 Strix hylophila, **Lechuza Listada**
Rusty-Barred Owl, *Brasilkauz* - C

Δ 

409 Asio clamator, **Lechuzón Orejudo**
Striped Owl, *Schreieule* - C

⊥ 

410 Asio stygius, **Lechuzón Negruzco**
Stygian Owl, *Styxeule* - C

??⊥ 

411 Asio flammeus, **Lechuzón de Campo**
Short-Eared Owl, *Sumpfohreule* - C

\+ 

412 Aegolius harrisii, **Lechucita Canela**
Buff-Fronted Owl, *Blasstirnkauz* - C

??⊥ 

NYCTIBIIDAE: URUTAUES, POTOOS, TAGSCHLÄFER

413 Nyctibius aethereus, **Urutau de Cola Larga**
Long-Tailed Potoo, *Langschwanzschwalk* - R

??Δ 

414 Nyctibius griseus, **Urutau**
Common Potoo, *Urutau* - C

⊥ 

CAPRIMULGIDAE: AÑAPEROS ATAJACAMINOS, NIGHTJARS NIGHTHAWKS, NACHTSCHWALBEN

415 Lurocalis nattereri, **Atajacaminos Castaño**
Chestnut-Banded Nighthawk, *Bändernachtschwalbe*
-C m

416 Chordeiles minor, **Añapero**
Common Nighthawk, *Falkennachtschwalbe* - C m

417 Podager nacunda, **Ñacundá**
Nacunda Nighthawk, *Weissbauch-Nachtschwalbe* - C

418 Nyctidromus albicollis, **Atajacaminos de Collar Blanco**
Pauraque, *Pauraque* - C

419 Nyctiphrynus ocellatus, **Atajacaminos Ocelado**
Ocellated Poorwill, *Augennachtschwalbe* - E

420 Caprimulgus rufus, **Atajacaminos Colorado**
Rufous Nightjar, *Rostnachtschwalbe* - C m

421 Caprimulgus sericocaudatus, **Atajacaminos Ahumado**
Silky-Tailed Nightjar, *Seidennachtschwalbe* - C

422 Caprimulgus longirostris, **Atajacaminos Común**
Band-Winged Nightjar, *Spiegelnachtschwalbe* - C m

423 Caprimulgus parvulus, **Atajacaminos Chico**
Little Nightjar, *Zwergnachtschwalbe* - C m

424 Hydropsalis brasiliana, **Atajacaminos Coludo Chico**
Scissor-Tailed Nightjar, *Spiessnachtschwalbe* - C

425 Uropsalis lyra, **Atajacaminos Lira**
Lyre-Tailed Nightjar, *Leiernachtschwalbe* - A

426 Macropsalis forcipata, **Atajacaminos Coludo Grande**
Long-Trained Nightjar, *Scherennachtschwalbe* - R

427 Eleothreptus anomalus, **Atajacaminos de los Pantanos**
Sickle-Winged Nightjar, *Sichelschwingen-Nachtschwalbe* - E

L 

APODIDAE: VENCEJOS, SWIFTS, SEGLER

428 Streptoprocne zonaris, **Vencejo de Collar Blanco**
White-Collared Swift, *Halsbandsegler* - C

⊥ 

429 Streptoprocne biscutata, **Vencejo de Nuca Blanca**
Biscutate Swift, *Schildsegler* - A

Δ 

430 Cypseloides senex, **Vencejo Ahumado Grande**
Great Dusky Swift, *Russ-Segler* - C

Δ 

431 Cypseloides fumigatus, **Vencejo Ahumado Chico**
Sooty Swift, *Rauchsegler* - E

Δ 

432 Cypseloides rothschildi, **Vencejo Negruzco**
Rothschild's Swift, *Tucumansegler* - E

┘ 

433 Chaetura cinereiventris, **Vencejo de Vientre Gris**
Gray-Rumped Swift, *Graubürzelsegler* - C

Δ 

434 Chaetura andrei, **Vencejo de Garganta Blanca**
Ashy-Tailed Swift, *Buritisegler* - C

⊥ 

435 Aeronautes andecolus, **Vencejo Blanco**
Andean Swift, *Andensegler* - C

∧ ┘ 

TROCHILIDAE: PICAFLORES, HUMMINGBIRDS, KOLIBRIS

436 Phaethornis eurynome, **Picaflor Ermitaño Grande**
Scale-Throated Hermit, *Schuppenkehl-Eremit* - C

Δ 

437 Phaethornis pretrei, **Picaflor Ermitaño Chico**
Planalto Hermit, *Planalto-Eremit* - C

438 Melanotrochilus fuscus, **Picaflor Negro**
Black Jacobin, *Trauerkolibri* - E

439 Colibri coruscans, **Picaflor de Cara Azul**
Sparkling Violetear, *Veilchenohrkolibri* - C

440 Colibri thalassinus, **Picaflor de Penacho Azul**
Green Violetear, *Zwerg-Veilchenohr* - A

441 Colibri serrirostris, **Picaflor de Penacho Purpúreo**
White-Vented Violetear, *Amethystohr* - E

442 Anthracothorax nigricollis, **Picaflor de Garganta Negra**
Black-Throated Mango, *Schwarzkehlmango* - E

443 Stephanoxis lalandi, **Picaflor Copetón**
Black-Breasted Plovercrest, *Zopfelfe* - C

444 Lophornis chalybea, **Coqueta de Abanico Verde**
Festive Coquette, *Schmetterlingselfe* - A

445 Chlorostilbon aureoventris, **Picaflor Verde Común**
Glittering-Bellied Emerald, *Goldbauchkolibri* - C

446 Thalurania furcata, **Picaflor Zafiro**
Fork-Tailed Woodnymph, *Schwalbennymphe* - C

447 Thalurania glaucopis, **Picaflor Verde de Frente Azul**
Violet-Capped Woodnymph, *Veilchenkopfnymphe* - C

448 Hylocharis sapphirina, **Picaflor de Barba Castaña**
Rufous-Throated Sapphire, *Rotkehlsaphir* - E

449 Hylocharis cyanus, **Picaflor Lazulita**
White-Chinned Sapphire, *Weisskinnsaphir* - E

450 Hylocharis chrysura, **Picaflor Bronceado**
Gilded Hummingbird, *Goldsaphir* - C

451 Leucochloris albicollis, **Picaflor de Garganta Blanca**
White-Throated Hummingbird, *Weisskehlkolibri* - C

452 Polytmus guainumbi, **Picaflor Dorado**
White-Tailed Goldenthroat, *Weisschwanz-Goldkehlchen* - E

453 Leucippus chionogaster, **Picaflor de Vientre Blanco**
White-Bellied Hummingbird, *Weissbauch-Amazilie* - C

454 Amazilia versicolor, **Picaflor Esmeralda**
Versicolored Emerald, *Glanzamazilie* - E

455 Adelomyia melanogenys, **Picaflor de Garganta Purpúrea**
Speckled Hummingbird, *Schwarzohrnymphe* - E

456 Oreotrochilus estella, **Picaflor Serrano Grande**
Andean Hillstar, *Andenkolibri* - E

457 Oreotrochilus leucopleurus, **Picaflor Serrano Chico**
White-Sided Hillstar, *Weissflankenkolibri* - E

458 Patagona gigas, **Picaflor gigante**
Giant Hummingbird, *Riesenkolibri* - C

459 Sephanoides sephanoides, **Picaflor Rubí**
Green-Backed Firecrown, *Chilekolibri* - C

460 Eriocnemis glaucopoides, **Picaflor de Frente Violácea**
Blue-Capped Puffleg, *Blaukappen-Schneehöschen* - C

461 Sappho sparganura, **Picaflor Cometa**
Red-Tailed Comet, *Schleppensylphe* - C

462 Heliomaster longirostris, **Picaflor de Pico Largo**
Long-Billed Starthroat, *Rosenkehlchen* - A

463 Heliomaster furcifer, **Picaflor de Barbijo**
Blue-Tufted Starthroat, *Rotlatzkolibri* - C

464 Microstilbon burmeisteri, **Picaflor Enano**
Slender-Tailed Woodstar, *Burmeisterkolibri* - C

465 Calliphlox amethystina, **Picaflor Amatista**
Amethyst Woodstar, *Amethystkolibri* - R

TROGONIDAE: SURUCUAES, TROGONS, TROGONE

466 Trogon rufus, **Surucuá Amarillo**
Black-Throated Trogon, *Schwarzkehltrogon* - C

467 Trogon surrucura, **Surucuá Común**
Surucua Trogon, *Surucuá-Trogon* - C

468 Trogon curucui, **Surucuá de Pecho Verde**
Blue-Crowned Trogon, *Blauscheiteltrogon* - C

ALCEDINIDAE: MARTIN-PESCADORES, KINGFISHERS, EISVÖGEL

469 Ceryle torquata, **Martín Pescador Grande**
Ringed Kingfisher, *Rotbrustfischer* - C

470 Chloroceryle amazona, **Martín Pescador Mediano**
Amazon Kingfisher, *Amazonasfischer* - C

471 Chloroceryle americana, **Martín Pescador Chico**
Green Kingfisher, *Grünfischer* - C

472 Chloroceryle aenea, **Martín Pescador Enano**
Pygmy Kingfisher, *Erzfischer* - A

MOMOTIDAE: BURGOS, MOTMOTS, SÄGERACKEN

473 Baryphthengus ruficapillus, **Yeruva**
Rufous Motmot, *Rotkopfmotmot* - C

474 Momotus momota, **Burgo**
Blue-Crowned Motmot, *Blauscheitelmotmot* - C

GALBULIDAE: YACAMARAES, JACAMARS, GLANZVÖGEL

475 Galbula ruficauda, **Yacamará**
Rufous-Tailed Jacamar, *Rotschwanz-Glanzvogel*

BUCCONIDAE: CHACURUES DURMILIES, PUFFBIRDS, FAULVÖGEL

476 Notharchus macrorhynchus, **Chacurú Grande**
White-Necked Puffbird, *Weisshals-Faulvogel* - E

477 Nystalus chacuru, **Chacurú Listado**
White-Eared Puffbird, *Cerrado-Faulvogel* - C

478 Nystalus maculatus, **Durmilí**
Spot-Backed Puffbird, *Fleckenfaulvogel* - C

479 Nonnula rubecula, **Chacurú Chico**
Rusty-Breasted Nunlet, *Rotkehl-Faulvogel* - E

RAMPHASTIDAE: TUCANES, TOUCANS ARACARIS, TUKANE

480 Pteroglossus castanotis, **Tucán de Cara Castaña**
Chestnut-Eared Aracari, *Braunohr-Arassari* - C

481 Selenidera maculirostris, **Tucán de Pico Manchado**
Spot-Billed Toucanet, *Flecken-Arassari* - E

482 Baillonius bailloni, **Tucán Amarillo**
Saffron Toucanet, *Goldtukan* - E

483 Ramphastos dicolorus, **Tucán de Pecho Rojo**
Red-Breasted Toucan, *Bunttukan* - C

484 Ramphastos toco, **Tucán Grande**
Toco Toucan, *Riesentukan* - C

PICIDAE: CARPINTERITOS CARPINTEROS, WOODPECKERS PICULETS, SPECHTE

485 Picumnus nebulosus, **Carpinterito Pardo**
Mottled Piculet, *Braunbrust-Zwergspecht* - E

486 Picumnus temminckii, **Carpinterito de Cara Canela**
Ochre-Collared Piculet, *Bänderzwergspecht* - C

487 Picumnus dorbygnianus, **Carpinterito Ocelado**
Ocellated Piculet, *Tüpfelzwergspecht* - E

488 Picumnus cirratus, **Carpinterito Común**
White-Barred Piculet, *Zebrazwergspecht* - C

489 Colaptes campestris, **Carpintero Campestre**
Campo Flicker, *Feldspecht* - C

490 Colaptes rupicola, **Carpintero de las Piedras**
Andean Flicker, *Andenspecht* - C

491 Colaptes pitius, **Pitío**
Chilean Flicker, *Bänderspecht* - C

492 Colaptes melanochloros, **Carpintero Real**
Green-Barred Woodpecker, *Grünbindenspecht* - C

493 Piculus rubiginosus, **Carpintero Dorado Gris**
Golden-Olive Woodpecker, *Olivmantelspecht* - C

494 Piculus aurulentus, **Carpintero Dorado Verde**
White-Browed Woodpecker, *Weissbrauenspecht* - C

495 Piculus chrysochloros, **Carpintero Dorado Amarillo**
Golden-Green Woodpecker, *Bronzespecht* - C

496 Celeus flavescens, **Carpintero de Cabeza Amarilla**
Blond-Crested Woodpecker, *Blondschopfspecht* - C

497 Celeus lugubris, **Carpintero de Cabeza Pajiza**
Pale-Crested Woodpecker, *Blasschopfspecht* - E

498 Dryocopus lineatus, **Carpintero Listado de Garganta Blanca**
Lineated Woodpecker, *Linienspecht* - C

499 Dryocopus schulzi, **Carpintero Negro de Garganta Blanca**
Black-Bodied Woodpecker, *Schwarzbauchspecht* - E

500 Dryocopus galeatus, **Carpintero Listado de Garganta Canela**
Helmeted Woodpecker, *Wellenohrspecht* - E

501 Melanerpes flavifrons, **Carpintero de Frente Amarilla**
Yellow-Fronted Woodpecker, *Goldmaskenspecht* - C

502 Melanerpes candidus, **Carpintero Blanco**
White Woodpecker, *Weisspecht* - C

503 Melanerpes cactorum, **Carpintero de los Cardones**
White-Fronted Woodpecker, *Kaktusspecht* - C

504 Veniliornis fumigatus, **Carpintero Oliváceo Ahumado**
Smoky-Brown Woodpecker, *Russpecht* - C

505 Veniliornis passerinus, **Carpintero Oliváceo Común**
Little Woodpecker, *Sperlingsspecht* - C

506 Veniliornis frontalis, **Carpintero Oliváceo Listado**
Dot-Fronted Woodpecker, *Perlstirnspecht* - C

┘ 

507 Veniliornis spilogaster, **Carpintero Oliváceo Manchado**
White-Spotted Woodpecker, *Perlbauchspecht* - C

└ 

508 Picoides mixtus, **Carpintero Bataraz Chico**
Checkered Woodpecker, *Streifenschwanzspecht* - C

|□ 

509 Picoides lignarius, **Carpintero Bataraz Grande**
Striped Woodpecker, *Strichelkopfspecht* - C

┐ 

510 Campephilus melanoleucos, **Carpintero Listado de Garganta Negra**
Crimson-Crested Woodpecker, *Schwarzkehlspecht* - E

┘ 

511 Campephilus leucopogon, **Carpintero Negro de Dorso Blanco**
Cream-Backed Woodpecker, *Weissmantelspecht* - C

⊥ 

512 Campephilus robustus, **Carpintero Listado de Gaganta Roja**
Robust Woodpecker, *Scharlachkopfspecht* - C

Δ 

513 Campephilus magellanicus, **Carpintero Negro Gigante**
Magellanic Woodpecker, *Magellanspecht* - C

┐ 

DENDROCOLAPTIDAE: TREPADORES CHINCHEROS PICAPALOS, WOODCREEPERS, BAUMSTEIGER

514 Dendrocincla fuliginosa, **Trepador Pardo**
Plain-Brown Woodcreeper, *Grauwangen-Baumsteiger* - C

Δ 

515 Sittasomus griseicapillus, **Terefero**
Olivaceous Woodcreeper, *Olivbaumsteiger* - C

⊥ 

516 Drymornis bridgesii, **Chinchero Grande**
Scimitar-Billed Woodcreeper, *Degenschnabel-Baumsteiger* - C

|□ 

517 Xiphocolates albicollis, **Trepador Grande de Pico Negro**
White-Throated Woodcreeper, *Weisskehl-Baumsteiger* - C

518 Xiphocolaptes major, **Trepador Gigante**
Great Rufous Woodcreeper, *Riesenbaumsteiger* - C

519 Dendrocolaptes picumnus, **Trepador Grande Rojizo**
Black-Banded Woodcreeper, *Blauschnabel-Baumsteiger* - C

520 Dendrocolaptes platyrostris, **Trepador Chico de Pico Negro**
Planalto Woodcreeeper, *Flachschnabel-Baumsteiger* - C

521 Lepidocolaptes angustirostris, **Chinchero Chico**
Narrow-Billed Woodcreeper, *Schmalschnabel-Baumsteiger* - C

522 Lepidocolaptes squamatus, **Trepador Escamado**
Scaled Woodcreeper, *Fleckenbauch-Baumsteiger* - C

523 Lepidocolaptes fuscus, **Trepador Enano**
Lesser Woodcreeper, *Schlankschnabel-Baumsteiger* - C

524 Campylorhamphus trochilirostris, **Picapalo de Pico Rojizo**
Red-Billed Scythebill, *Rotrücken-Sensenschnabel* - C

525 Campylorhamphus falcularius, **Picapalo de Pico Negro**
Black-billed Scythebill, *Trauersensenschnabel* - E

FURNARIIDAE: CAMINERAS BANDURRITAS REMOLINERAS HORNEROS COLUDITOS PIJUIES CURUTIES CANASTEROS ESPINEROS TICOTICOS ETC., HORNEROS SPINETAILS FOLIAGE-GLEANERS ETC., TÖPFER SCHLÜPFER BLATTSPÄHER ETC.

526 Geositta isabellina, **Caminera de Alas Largas**
Creamy-Rumped Miner, *Isabellerdhacker* - A

527 Geositta rufipennis, **Caminera rojiza**
Rufous-Banded Miner, *Rotschwanz-Erdhacker* - C

528 Geositta punensis, **Caminera Chica**
Puna Miner, *Punaerdhacker* - C

529 Geositta cunicularia, **Caminera Común**
Common Miner, *Kaninchenerdhacker* - C

530 Geositta antarctica, **Caminera de Pico Corto**
Short-Billed Miner, *Feuerland-Erdhacker* - C

531 Geositta tenuirostris, **Caminera de Pico Largo**
Slender-Billed Miner, *Dünnschnabel-Erdhacker* - E

532 Upurcerthia dumetaria, **Bandurrita Común**
Scale-Throated Earthcreeper, *Schuppenkehl-Erdhacker* - C

533 Upucerthia validirostris, **Bandurrita Ocrácea**
Buff-Breasted Earthcreeper, *Braunbauch-Erdhacker* - E

534 Upucerthia andaecola, **Bandurrita de Cola Castaña**
Rock Earthcreeper, *Felsenerdhacker* - E

535 Upucerthia ruficauda, **Bandurrita de Pico Recto**
Straight-Billed Earthcreeper, *Geradschnabel-Erdhacker* - C

536 Upucerthia certhioides, **Bandurrita Enana**
Chaco Earthcreeper, *Chaco-Erdhacker* - C

537 Eremobius phoenicurus, **Bandurrita de Cola Negra**
Band-Tailed Earthcreeper, *Dornschlüpfer* - C

538 Cinclodes antarcticus, **Remolinera Negra**
Blackish Cinclodes, *Einfarb-Uferwipper* - C

539 Cinclodes patagonicus, **Remolinera Estriada**
Dark-Bellied Cinclodes, *Streifenbauch-Uferwipper* - C

540 Cinclodes oustaleti, **Remolinera Chica**
Gray-Flanked Cinclodes, *Grauflanken-Uferwipper - E*

541 Cinclodes fuscus, **Remolinera Común**
Bar-Winged Cinclodes, *Binden-Uferwipper* - C

542 Cinclodes comechingonus, **Remolinera Serrana**
Córdoba Cinclodes, *Córdoba-Uferwipper* - C

543 Cinclodes atacamensis, **Remolinera Castaña**
White-Winged Cinclodes, *Flügelstreif-Uferwipper* - C

544 Clibanornis dendrocolaptoides, **Espinero del Monte**
Canebrake Groundcreeper, *Schilfbündelnister* - E

545 Furnarius rufus, **Hornero Común**
Rufous Hornero, *Rosttöpfer* - C

546 Furnarius cristatus, **Hornero Copetón**
Crested Hornero, *Schopftöpfer* - C

547 Limnornis curvirostris, **Pajera de Pico Curvo**
Curve-Billed Reedhaunter, *Krummschnabel-Riedschlüpfer* - C

548 Limnoctites rectirostris, **Pajera de Pico Recto**
Straight-Billed Reedhaunter, *Geradschnabel-Riedschlüpfer* - E

549 Sylviorthorhynchus desmursii, **Colilarga**
Des Mur's Wiretail, *Sechsfedernschlüpfer - C*

550 Aphrastura spinicauda, **Rayadito**
Thorn-Tailed Rayadito, *Stachelschwanzschlüpfer* - C

551 Phleocryptes melanops, **Junquero**
Wren-Like Rushbird, *Rohrschlüpfer* - C

552 Leptasthenura aegithaloides, **Coludito Común**
Plain-Mantled Tit-Spinetail,
Schwanzmeisenschlüpfer - C

553 Leptasthenura platensis, **Coludito Copetón**
Tufted Tit-Spinetail, *Schopfschlüpfer* - C

554 Leptasthenura fuliginiceps, **Coludito de Cabeza Rojiza**
Brown-Capped Tit-Spinetail, *Rotscheitelschlüpfer* - E

555 Leptasthenura setaria, **Coludito de los Pinos**
Araucaria Tit-Spinetail, *Araukarienschlüpfer* - E

556 Schoeniophylax phryganophila, **Chotoy**
Chotoy Spinetail, *Weisswangenschlüpfer* - C

557 Synallaxis ruficapilla, **Pijuí de Cabeza Rojiza**
Rufous-Capped Spinetail, *Rotkappenschlüpfer* - C

558 Synallaxis frontalis, **Pijuí Común de Cola Rojiza**
Sooty-Fronted Spinetail, *Pelzelnschlüpfer* - C m

559 Synallaxis superciliosa, **Pijuí de Ceja Canela**
Buff-Browed Spinetail, *Brauenschlüpfer* - C

560 Synallaxis spixi, **Chiclí**
Chicli Spinetail, *Spixschlüpfer* - C

561 Synallaxis albescens, **Pijuí Común de Cola Parda**
Pale-Breasted Spinetail, *Temminckschlüpfer* - C m

562 Synallaxis cinerascens, **Pijuí Ceniciento**
Gray-Bellied Spinetail, *Graubauchschlüpfer* - C

563 Synallaxis scutata, **Pijuí Ocráceo**
Ochre-Cheeked Spinetail, *Goldohrschlüpfer* - C

564 Certhiaxis cinnamomea, **Curutié Rojizo**
Yellow-Throated Spinetail, *Gelbkehlschlüpfer* - C

565 Cranioleuca sulphurifera, **Curutié Ocráceo**
Sulphur-Bearded Spinetail, *Schwefelkehlschlüpfer* - C

566 Cranioleuca pyrrhophia, **Curutié de Cabeza Estriada**
Stripe-Crowned Spinetail, *Streifenkopfschlüpfer* - C

567 Cranioleuca obsoleta, **Curutié Oliváceo**
Olive Spinetail, *Rotschwanzschlüpfer* - C

568 Spartonoica maluroides, **Canastero Enano**
Bay-Capped Wren-Spinetail,
Staffelschwanzschlüpfer - C

569 Asthenes pyrrholeuca, **Canastero Coludo**
Lesser Canastero, *Ockerkehlschlüpfer* - C

570 Asthenes dorbignyi, **Canastero Rojizo**
Creamy-Breasted Canastero, *Fahlbrustschlüpfer* - C

571 Asthenes steinbachi, **Canastero Castaño**
Chestnut Canastero, *Steinbachschlüpfer* - E

572 Asthenes baeri, **Canastero Chaqueño**
Short-Billed Canastero, *Kurzschnabelschlüpfer* - C

573 Asthenes patagonica, **Canastero de Garganta Negra**
Patagonian Canastero, *Stutzschnabelschlüpfer* - C

574 Asthenes humicola, **Canastero de Pecho Rayado**
Dusky-Tailed Canastero, *Schwarzschwanzschlüpfer* - E

575 Asthenes modesta, **Canastero Pálido**
Cordilleran Canastero, *Eytonschlüpfer* - C

576 Asthenes anthoides, **Canastero Manchado Chico**
Austral Canastero, *Kingschlüpfer* - C

577 Asthenes hudsoni, **Canastero Manchado Pajizo**
Hudson's Canastero, *Grundschlüpfer* - C

578 Asthenes sclateri, **Canastero Manchado Serrano**
Córdoba Canastero, *Córdobaschlüpfer* - C

579 Asthenes maculicauda, **Canastero Estriado**
Scribble-Tailed Canastero,
Fleckenschwanzschlüpfer - R

580 Phacellodomus sibilatrix, **Espinero Chico**
Little Thornbird, *Zwergbündelnister* - C

581 Phacellodomus rufifrons, **Espinero de Frente Rojiza**
Rufous-Fronted Thornbird, *Rotstirn-Bündelnister* - C

582 Phacellodomus striaticeps, **Espinero de Frente Estriada**
Streak-Fronted Thornbird, *Schuppenkopf-Bündelnister* - C

583 Phacellodomus ruber, **Espinero Grande**
Greater Thornbird, *Rotschwingen-Bündelnister* - C

584 Phacellodomus striaticollis, **Espinero de Pecho Manchado**
Freckle-Breasted Thornbird, *Fleckenbrust-Bündelnister* - C

585 Coryphistera alaudina, **Espinero Crestudo**
Lark-Like Brushrunner, *Buschläufer* - C

586 Anumbius annumbi, **Añumbí**
Firewood-Gatherer, *Anumbi* - C

587 Pseudoseisura lophotes, **Cacholote Castaño**
Brown Cacholote, *Brauncacholote* - C

588 Pseudoseisura gutturalis, **Cacholote Pardo**
White-Throated Cacholote, *Weisskehl-Cacholote* - C

589 Syndactyla rufosuperciliata, **Ticotico Común**
Buff-Browed Foliage-Gleaner, *Ockerbrauen-Blattspäher* - C

590 Philydor amaurotis, **Ticotico de Ceja Blanca**
White-Browed Foliage-Gleaner, *Weissbrauen-Blattspäher* - E

591 Philydor atricapillus, **Ticotico de Cabeza Negra**
Black-Capped Foliage-Gleaner, *Kappenblattspäher* - C

592 Philydor lichtensteini, **Ticotico Ocráceo Chico**
Ochre-Breasted Foliage-Gleaner, *Ockerbrust-Blattspäher* - C

593 Philydor rufus, **Ticotico Ocráceo Grande**
Buff-Fronted Foliage-Gleaner, *Goldstirn-Blattspäher* - C

594 Automolus lecophthalmus, **Tacuarero de Ojo Blanco**
White-Eyed Foliage-Gleaner, *Weisszügel-Baumspäher* - C

595 Heliobletus contaminatus, **Ticotico de Dorso Estriado**
Sharp-Billed Treehunter, *Spitzschnabel-Baumspäher* - R

596 Xenops rutilans, **Picolezna Grande**
Streaked Xenops, *Rötelsteigschnabel* - E

597 Xenops minutus, **Picolezna Chico**
Plain Xenops, *Sparrmansteigschnabel* - R

598 Pygarrhichas albogularis, **Comesebo**
White-Throated Treerunner, *Spechttöpfer* - C

599 Sclerurus scansor, **Ogaraití**
Rufous-Breasted Leafscraper, *Rostbrust-Laubwender* - E

600 Lochmias nematura, **Macuquiño**
Sharp-Tailed Streamcreeper, *Bachstachelschwanz* - C

FORMICARIIDAE: BATARAS CHULULUES, ANTBIRDS, AMEISENVÖGEL

601 Hypoedaleus guttatus, **Batará Goteado**
Spot-Backed Antshrike, *Perlenmantel-Ameisenwürger* - C

602 Batara cinerea, **Batará Gigante**
Giant Antshrike, *Batará* - C

603 Mackenziaena leachii, **Batará Silbón Grande**
Large-Tailed Antshrike, *Langschwanz-Ameisenwürger* - C

604 Mackenziaena severa, **Batará Silbón Chico**
Tufted Antshrike, *Schwarzmasken-Ameisenwürger* - C

605 Taraba major, **Batará Mayor**
Great Antshrike, *Weissbrust-Ameisenwürger* - C

606 Biatas nigropectus, **Batará de Pecho Negro**
White-Bearded Antshrike, *Weissbart-Ameisenwürger* - E

607 Thamnophilus doliatus, **Batará Listado**
Barred Antshrike, *Bindenwollrücken* - E

608 Thamnophilus schistaceus, **Batará Apizarrado**
Black-Capped Antshrike, *Kappenwollrücken* - A

609 Thamnophilus caerulescens, **Batará Plomizo Grande**
Variable Antshrike, *Grauscheitel-Wollrücken* - C

610 Thamnophilus ruficapillus, **Batará Pardo**
Rufous-Capped Antshrike, *Rotscheitel-Wollrücken* - C

611 Dysithamnus mentalis, **Batará Amarillo Chico**
Plain Antvireo, *Waldwürgerling* - C

612 Dysithamnus stictothorax, **Batará Amarillo Grande**
Spot-Breasted Antvireo, *Fleckenbrustwürgerling* - E

613 Myrmorchilus strigilatus, **Batará Estriado**
Stripe-Backed Antbird, *Weissbart-Ameisenfänger* - C

614 Herpsilochmus pileatus, **Batará Plomizo Chico**
Black-Capped Antwren, *Schwarzkopf-Ameisenfänger* - C

615 Herpsilochmus rufimarginatus, **Batará de Alas Canela**
Rufous-Winged Antwren, *Rotschwingen-Ameisenfänger* - C

616 Drymophila ferruginea, **Batará Coludo Canela**
Ferruginous Antbird, *Weissbrauen-Ameisenfänger* - C

617 Drymophila malura, **Batará Coludo Estriado**
Dusky-Tailed Antbird, *Temminck-Ameisenfänger* - C

618 Terenura maculata, **Batará Enano**
Streak-Capped Antwren, *Streifenkopf-Ameisenfänger* - R

619 Pyriglena leucoptera, **Batará Negro**
White-Shouldered Fire-Eye, *Weisschulter-Feuerauge* - C

620 Chamaeza campanisona, **Tovaca**
Short-Tailed Antthrush, *Kurzschwanz-Ameisendrossel* - C

621 Grallaria varia, **Chululú Grande**
Variegated Antpitta, *Königsameisenpitta* - C

622 Grallaria albigula, **Chululú Mediano**
White-Throated Antpitta, *Graubrust-Ameisenpitta* - C

623 Hylopezus ochroleucus, **Chululú Chico**
Speckle-Breasted Antpitta, *Fleckenbrust-Ameisenpitta* - C

624 Conopophaga lineata, **Batará Castaño**
Rufous Gnateater, *Rotkehl-Mückenfresser* - C

RHINOCRYPTIDAE: TAPACOLAS CHUCAOS GALLITOS CHURRINES, TAPACULOS, BÜRZELSTELZER

625 Pteroptochos tarnii, **Tapacola**
Black-Throated Huet-Huet, *Schwarzkehl-Huëthuët* - C

626 Scelorchilus rubecula, **Chucao**
Chucao Tapaculo, *Rotkehl-Tapaculo* - C

627 Rhinocrypta lanceolata, **Gallito Copetón**
Crested Gallito, *Schopfgallito* - C

628 Teledromas fuscus, **Gallito de las Arenas**
Sandy Gallito, *Braungallito* - C

629 Melanopareia maximiliani, **Gallito de Collar**
Olive-Crowned Crescentchest, *Olivkappen-Bandvogel* - C

630 Psilorhamphus guttatus, **Gallito Overo**
Spotted-Bamboowren, *Trugzaunkönig* - C

631 Eugralla paradoxa, **Churrín Grande**
Ochre-Flanked Tapaculo, *Rostflanken-Tapaculo* - R

632 Scytalopus speluncae, **Churrín de Vientre Rayado**
Mouse-Colored Tapaculo, *Maustapaculo* - C

633 Scytalopus magellanicus, **Churrín Común**
Andean tapaculo, *Andentapaculo* - C

634 Scytalopus superciliaris, **Churrín de Garganta Blanca**
White-Browed Tapaculo, *Weissbrauentapaculo* - C

COTINGIDAE: ANAMBES TUERES YACUTOROS PAJAROS-CAMPANA, COTINGAS, SCHMUCKVÖGEL

635 Phibalura flavirostris, **Anambé Coludo**
Swallow-Tailed Cotinga, *Gabelschwanzzuser* - R

636 Xenopsaris albinucha, **Anambé Chico**
White-Naped Xenopsaris, *Kappentachuri* - E

637 Pachyramphus viridis, **Anambé Verdoso**
Green-Backed Becard, *Grünrücken-Bekarde* - C

638 Pachyramphus castaneus, **Anambé Castaño**
Chestnut-Crowned Becard, *Kastanienbekarde* - C

639 Pachyramphus polychopterus, **Anambé Negro Chico**
White-Winged Becard, *Weissflügelbekarde* - C

640 Platypsaris rufus, **Anambé Negro Grande**
Crested Becard, *Schopfbekarde* - E

641 Tityra cayana, **Tuere Grande**
Black-Tailed Tityra, *Schwarzschwanz-Tityra* - C

642 Tityra inquisitor, **Tuere Chico**
Black-Crowned Tityra, *Kappentityra* - C

643 Pyroderus scutatus, **Yacutoro**
Red-Ruffed Fruitcrow, *Pavao* - E

Δ 

644 Procnias nudicollis, **Pájaro Campana**
Bare-Throated Bellbird, *Nacktkehlglöckner* - R

Δ 

PIPRIDAE: SALTARINES, MANAKINS, SCHNURRVÖGEL

645 Pipra fasciicauda, **Saltarín Amarillo**
Band-Tailed Manakin, *Schwanzbindenpipra* - E

Δ 

646 Chiroxiphia caudata, **Saltarín Azul**
Swallow-Tailed Manakin, *Blaubrustpipra* - C

Δ 

647 Manacus manacus, **Saltarín de Vientre Blanco**
White-Bearded Manakin, *Säbelpipra* - E

Δ 

648 Piprites pileatus, **Saltarín de Dorso Castaño**
Black-Capped Manakin, *Zimtpiprites* - E

Δ 

649 Piprites cholris, **Saltarín Verde**
Wing-Barred Manakin, *Graunacken-Piprites* - C

Δ 

650 Schiffornis virescens, **Saltarín Oliváceo**
Greenish Manakin, *Einfarb-Schiffornis* - C

Δ 

TYRANNIDAE: GAUCHOS MONJITAS DORMILONAS VIUDITAS SUIRIRIES BURLISTOS MOSQUETAS PIOJITOS FIOFIOS TACHURIES ETC., TYRANT-FLYCATCHERS, TYRANNEN

651 Agriornis livida, **Gaucho Grande**
Great-Shrike-Tyrant, *Würgertyrann* - C

T  ▮

652 Agriornis microptera, **Gaucho Común**
Gray-Bellied Shrike-Tyrant, *Weissbrauen-Würgertyrann* - C

T 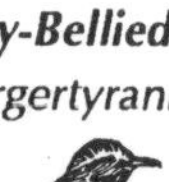 ▮

653 Agriornis murina, **Gaucho Pardo**
Mouse-Brown Shrike-Tyrant, *Maustyrann* - C m

654 Agriornis montana, Gaucho chico
Black-Billed Shrike-Tyrant, *Bergtyrann* - C

655 Agriornis andicola, **Gaucho andino**
White-Tailed Shrike-Tyrant, *Weisschwanztyrann* - E

656 Neoxolmis rufiventris, **Chocolate**
Chocolate-Vented Tyrant, *Weisschultermonjita* - C m

657 Xolmis cinerea, **Monjita Cenicienta**
Gray Monjita, *Bartmonjita* - C

658 Xolmis dominicana, **Monjita Dominicana**
Black-and-White Monjita, *Dominikanermonjita* - E

659 Xolmis coronata, **Monjita Coronada**
Black-Crowned Monjita, *Kronenmonjita* - C

660 Xolmis irupero, **Monjita Blanca**
White Monjita, *Witwenmonjita* - C

661 Xolmis rufipennis, **Monjita de Alas Rufas**
Rufous-Webbed Tyrant, *Rostspiegeltyrann* - A

662 Xolmis rubetra, **Monjita Castaña**
Rusty-Backed Monjita, *Rotrückenmonjita* - C m

663 Xolmis salinarum, **Monjita de las Salinas**
Salinas Monjita, *Salinasmonjita* - E

664 Xolmis pyrope, **Diucón**
Fire-Eyed Diucon, *Feueraugentyrann* - C

665 Myiotheretes striaticollis, **Gaucho Canela**
Streak-Throated Bush-Tyrant, *Strauchtyrann* - C

666 Muscisaxicola rufivertex, **Dormilona Cenicienta**
Rufous-Naped Ground-Tyrant, *Rotnackentyrann* - C

667 Muscisaxicola albilora, **Dormilona de Ceja Blanca**
White-Browed Ground-Tyrant, *Rotkäppchentyrann* - E

668 Muscisaxicola juninensis, **Dormilona de la Puna**
Puna Ground-Tyrant, *Punatyrann* - E

669 Muscisaxicola flavinucha, **Dormilona de Nuca Amarilla**
Ochre-Naped Ground-Tyrant, *Gelbnackentyrann* - E

670 Muscisaxicola capistrata, **Dormilona de Cola Castaña**
Cinnamon-Bellied Ground Tyrant, *Zügeltyrann* - E m

671 Muscisaxicola frontalis, **Dormilona de Frente Negra**
Black-Fronted Ground-Tyrant, *Schwarzstirntyrann* - E

672 Muscisaxicola alpina, **Dormilona Gris**
Plain-Capped Ground-Tyrant, *Felsentyrann* - E

673 Muscisaxicola macloviana, **Dormilona Común**
Dark-Faced Ground-Tyrant, *Maskentyrann* - C m

674 Muscisaxicola maculirostris, **Dormilona Chica**
Spot-Billed Ground-Tyrant, *Lerchentyrann* - C

675 Muscisaxicola fluviatilis, **Dormilona Enana**
Little Ground-Tyrant, *Piepertyrann* - A

676 Lessonia rufa, **Sobrepuesto**
Rufous-Backed Negrito, *Sporntyrann* - C m

677 Ochthoeca oenanthoides, **Pitajo Canela**
D'Orbigny's Chat-Tyrant, *Klufttyrann* - C

678 Ochthoeca leucophrys, **Pitajo Gris**
White-Browed Chat-Tyrant, *Schluchtentyrann* - C

679 Sayornis nigricans, **Pitajo Negruzco**
Black-Phoebe, *Schwarzkopfphoebe* - C

680 Colonia colonus, **Yetapá Negro**
Long-Tailed Tyrant, *Langschwanztyrann* - C

681 Gubernetes yetapa, **Yetapá Grande**
Streamer-Tailed Tyrant, *Yetapatyrann* - C

682 Alectrurus tricolor, **Yetapá Chico**
Cock-Tailed Tyrant, *Hahnenschwanztyrann* - R

683 Alectrurus risora, **Yetapá de Collar Negro**
Strange-Tailed Tyrant, *Wimpeltyrann* - C

684 Knipolegus aterrimus, **Viudita Negra Común**
White-Winged Black-Tyrant, *Weisspiegel-Mohrentyrann* - C

685 Knipolegus cyanirostris, **Viudita Negra de Pico Azul**
Blue-Billed Black-Tyrant, *Blauschnabeltyrann* - C

686 Knipolegus cabanisi, **Viudita Plomiza**
Plumbeous Tyrant, *Cabanistyrann* - C

687 Phaeotriccus hudsoni, **Viudita Negra Chica**
Hudson's Black-Tyrant, *Hudsontyrann* - E

688 Entotriccus striaticeps, **Viudita Cenicienta**
Cinereous Tyrant, *Schmalschwingentyrann* - C

689 Hymenops perspicillatus, **Pico de Plata**
Spectacled Tyrant, *Brillentyrann* - C

690 Muscipipra vetula, **Viudita Coluda**
Shear-Tailed Gray-Tyrant, *Kerbschwanztyrann* - R

691 Fluvicola pica, **Viudita Blanca**
Pied Water-Tyrant, *Elstertyrann* - C

692 Arundinicola leucocephala, **Lavandera**
White-Headed Marsh-Tyrant, *Sumpftyrann* - C

693 Pyrocephalus rubinus, **Churrinche**
Vermilion Flycatcher, *Purpurtyrann* - C

694 Satrapa icterophrys, **Suirirí Amarillo**
Yellow-Browed Tyrant, *Goldtyrann* - C

695 Machetornis rixosus, **Matadura**
Cattle Tyrant, *Stelzentyrann* - C

696 Sirystes sibilator, **Suirirí Copetón**
Sirystes, *Sirystes* - C

697 Tyrannus savana, **Tijereta**
Fork-Tailed Flycatcher, *Gabeltyrann* - C m

698 Tyrannus tyrannus, **Suirirí de Cabeza Negra**
Eastern Kingbird, *Königstyrann* - E m

699 Tyrannus melancholicus, **Suirirí Grande**
Tropical Kingbird, *Trauertyrann* - C

700 Empidonomus varius, **Tuquito Chorreado**
Variegated Flycatcher, *Fleckentyrann* - C

701 Empidonomus aurantioatrocristatus, **Tuquito Gris**
Crowned Slaty-Flycatcher, *Inkatyrann* - C

702 Legatus leucophaius, **Tuquito Chico**
Piratic Flycatcher, *Legat* - C

703 Myiodynastes maculatus, **Suirirí Chorreado**
Streaked Flycatcher, *Streifentyrann - C*

704 Megarhynchus pitangua, **Pitanguá**
Boat-Billed Flycatcher, *Bauchschnabeltyrann - C*

705 Conopias trivirgata, **Tuquito Amarillo Chico**
Three-Striped Flycatcher, *Dreistreifentyrann - C*

706 Myiozetetes similis, **Tuquito Amarillo Grande**
Vermilion-Crowned Flycatcher, *Rotkrontyrann - C*

707 Pitangus sulphuratus, **Benteveo**
Great Kiskadee, *Bentevi - C*

708 Pitangus lictor, **Benteveo Chico**
Lesser Kiskadee, *Liktor - A*

709 Pseudattila phoenicurus, **Suirirí de Cabeza Gris**
Rufous-Tailed Attila, *Kurzschnabel-Attila - E*

710 Casiornis rufa, **Suirirí Castaño**
Rufous Casiornis, *Zimtkehl-Casiornis -*

711 Myiarchus tyrannulus, **Burlisto de Cola Castaña**
Brown-Crested Flycatcher, *Cayennetyrann - C m*

712 Myiarchus swainsoni, **Burlisto Común de Ala Larga**
Swainson's Flycatcher, *Swainsontyrann - C m*

713 Myiarchus ferox, **Burlisto Común de Ala Corta**
Short-Crested Flycatcher, *Kurzschopftyrann - C m*

714 Myiarchus tuberculifer, **Burlisto de Cabeza Negra**
Duscky-Capped Flycatcher, *Kappentyrant - C m*

715 Contopus cinereus, **Burlisto Gris Chico**
Tropical Pewee, *Spixtyrann - C*

716 Contopus fumigatus, **Burlisto Gris Grande**
Greater Pewee, *Schiefertyrann* - C

717 Empidonax traillii, **Burlisto Chico Pardo**
Traill's Flycatcher, *Weidentyrann* - E m

718 Empidonax euleri, **Burlisto Chico Oliváceo**
Euler's Flycatcher, *Eulertyrann* - C

719 Cnemotriccus fuscatus, **Burlisto Chico de Vientre Blanco**
Fuscous Flycatcher, *Finkentyrann* - C

720 Pyrrhomyias cinnamomea, **Mosqueta Castaña**
Cinnamon Flycatcher, *Zimttyrann* - E

721 Myiophobus fasciatus, **Mosqueta Chorreada**
Bran-Colored Flycatcher, *Rosttyrann* - C m

722 Hirundinea ferruginea, **Burlisto Castaño**
Cliff Flycatcher, *Schwalbentyrann* - C

723 Platyrinchus leucoryphus, **Picochato Mediano**
Russet-Winged Spadebill, *Rotflügel-Breitschnabel* - A

724 Platyrinchus mystaceus, **Picochato Chico**
White-Throated Spadebill, *Weisskehl-Breitschnabel* - C

725 Tolmomyias sulphurescens, **Picochato Grande**
Yellow-Olive Flycatcher, *Olivscheitel-Breitschnabel* - C

726 Ramphotrigon megacephala, **Picochato Cabezón**
Large-Headed Flatbill, *Brauenbreitschnabel* - E

727 Todirostrum plumbeiceps, **Mosqueta de Cara Canela**
Ochre-Faced Tody-Flycatcher, *Zimtkehl-Spateltyrann* - C

728 Idioptilon margaritaceiventer, **Mosqueta de Vientre Perla**
Pearly-Vented Tody-Tyrant, *Weissbauch-Spateltyrann* - C

729 Myiornis auricularis, **Mosqueta Enana**
Eared Pygmy-Tyrant, *Ohrfleck-Zwergtyrann* - C

730 Hemitriccus diops, **Mosqueta de Pecho Pardusco**
Drab-Breasted Pygmy-Tyrant, *Zügelflecktyrann* - C

731 Phylloscartes eximius, **Mosqueta de Frente Overa**
Southern Bristle-Tyrant, *Weissaugen-Borstentyrann* - E

732 Phylloscartes sylviolus, **Mosqueta de Cara Rufa**
Bay-Ringed Tyrannulet, *Braunzügel-Borstentyrann* - E

733 Phylloscartes paulistus, **Mosqueta de Oreja Negra**
Sao Paulo Tyrannulet, *Gelbstirn-Laubtyrann* - A

734 Phylloscartes ventralis, **Mosqueta de Vientre Sulfuroso**
Mottle-Cheeked Tyrannulet, *Streifenbrust-Laubtyrann* - C

735 Capsiempis flaveola, **Mosqueta de Ceja Amarilla**
Yellow Tyrannulet, *Zitronentyrann* - C

736 Euscarthmus meloryphus, **Mosqueta de Corona Castaña**
Tawny-Crowned Pygmy-Tyrant, *Weissbauch-Todityrann* - C

737 Pseudocolopteryx dinellianus, **Doradito de Pico Chico**
Dinelli's Doradito, *Dreibinden-Doradito* - E

738 Pseudocolopteryx acutipennis, **Doradito Oliváceo**
Subtropical Doradito, *Schmalschwingen-Doradito* - C

739 Pseudocolopteryx flaviventris, **Doradito Común**
Warbling Doradito, *Rohrdoradito* - C

740 Pseudocolopteryx sclateri, **Doradito Copetón**
Crested Doradito, *Schopfdoradito* - C

741 Polystictus pectoralis, **Tachurí Canela Enano**
Bearded Tachuri, *Schmalschwanztyrann* - C

742 Culicivora caudacuta, **Tachurí Canela Coludo**
Sharp-Tailed Tyrant, *Spitzschwanztyrann* - E

743 Tachuris rubrigastra, **Siete Colores**
Many-Colored Rush-Tyrant, *Vielfarbentachuri* - C

744 Anairetes parulus, **Cachudito de Pico Negro**
Tufted Tit-Tyrant, *Meisentachuri* - C

745 Anairetes flavirostris, **Cachudito de Pico Amarillo**
Yellow-Billed Tit-Tyrant, *Gelbschnabeltachuri* - C m

746 Stigmatura budytoides, **Rabicano**
Greater Wagtail-Tyrant, *Stelzentachuri* - C

747 Serpophaga subcristata, **Piojito de Cresta Blanca**
White-Crested Tyrannulet, *Strichelschopftachuri* - C

748 Serpophaga griseiceps, **Piojito de Corona Gris**
Gray-Crowned Tyrannulet, *Ockerbindentachuri* - C

749 Serpophaga nigricans, **Piojito Gris**
Sooty Tyrannulet, *Maustachuri* - C

750 Inezia inornata, **Piojito Picudo**
Plain Tyrannulet, *Graukopf-Inezia* - E

751 Mecocerculus leucophrys, **Tachurí de Anteojos**
White-Throated Tyrannulet, *Weisskehltachuri* - C

752 Mecocerculus hellmayri, **Tachurí Enano**
Buff-Banded Tyrannulet, *Braunschwanztachuri* - E

753 Colorhamphus parvirostris, **Peutrén**
Patagonian Tyrant, *Darwintyrann* - C

754 Elaenia flavogaster, **Fiofío Grande de Corona Blanca**
Yellow-Bellied Elaenia, *Gelbbauchelaenie*

755 Elaenia spectabilis, **Fiofío Grande de Corona Oscura**
Large Elaenia, *Graubrustelaenie* - E

756 Elaenia albiceps, **Fiofío Común**
White-Crested Elaenia, *Buschelaenie* - C m

757 Elaenia parvirostris, **Fiofío de Pico Corto**
Small-Billed Elaenia, *Kurzschnabelelaenie* - C m

758 Elaenia mesoleuca, **Fiofío Oliváceo**
Olivaceous Elaenia, *Schlichtelaenie* - E

759 Elaenia strepera, **Fiofío Plomizo**
Slaty Elaenia, *Schieferelaenie* - C

760 Elaenia chiriquensis, **Fiofío Pardo**
Lesser Elaenia, *Schlankschnabelelaenie* - E

761 Elaenia obscura, **Fiofío Oscuro**
Highland Elaenia, *Olivkopfelaenie* - C

762 Myiopagis viridicata, **Fiofío Chico de Corona Amarilla**
Greenish Elaenia, *Grünelaenie* - C

763 Myiopagis caniceps, **Fiofío Chico de Corona Blanca**
Gray Elaenia, *Graukopfelaenie* - E

764 Suiriri suiriri, **Suirirí Común**
Suirirí Flycatcher, *Suiriri* - C

765 Sublegatus modestus, **Tachurí de Pico Ancho**
Scrub Flycatcher, *Buschfliegenstecher* - C

766 Phaeomyias murina, **Tachurí Pálido**
Mouse-Colored Tyrannulet, *Brauenfliegenstecher* - E

767 Camptostoma obsoletum, **Tachurí Silbador**
Southern Beardless Tyrannulet, *Gelbkehl-Fliegenstecher* - C

768 Phyllomyias virescens, **Tachurí Verde Chico**
Greenish Tyrannulet, *Grünrücken-Fliegenstecher* - E

769 Phyllomyias sclateri, **Tachurí Verde Grande**
Sclater's Tyrannulet, *Streifenbauch-Fliegenstecher* - E

770 Phyllomyias fasciatus, **Tachurí Oliváceo**
Planalto Tyrannulet, *Schuppenkopf-Fliegenstecher* - E

771 Phyllomyias burmeisteri, **Tachurí de Pico Curvo**
Rough-Legged Tyrannulet, *Höckerfuss-Fliegenstecher* - E

772 Leptopogon amaurocephalus, **Tachurí de Cabeza Parda**
Sepia-Capped Flycatcher, *Braunkopf-Fliegenstecher* - C

773 Mionectes rufiventris, **Ladrillito**
Gray-Hooded Flycatcher, *Graukopf-Pipratyrann* - C

774 Corythopis delalandi, **Mosquitero Oliváceo**
Southern Antpipit, *Lauftyrann* - C

PHYTOTOMIDAE: CORTARRAMAS PLANTCUTTERS, PFLANZENMÄHER

775 Phytotoma rara, **Rara**
Rufous-Tailed Plantcutter, *Rotschwanz-Pflanzenmäher* - C

776 Phytotoma rutila, **Cortarramas**
White-Tipped Plantcutter, *Bandpflanzenmäher* - C

HIRUNDINIDAE: GOLONDRINAS, SWALLOWS MARTINS, SCHWALBEN

777 Tachycineta albiventer, **Golondrina Verdosa**
White-Winged Swallow, *Cayenneschwalbe* - C m

778 Tachycineta leucorrhoa, **Golondrina de Ceja Blanca**
White-Rumped Swallow, *Weissbürzelschwalbe* - C m

779 Tachycineta leucopyga, **Golondrina Patagónica**
Chilean Swallow, *Feuerlandschwalbe* - C m

780 Phaeoprogne tapera, **Golondrina Parda**
Brown-Chested Martin, *Braunbrustschwalbe* - C m

781 Progne subis, **Golondrina Púrpura**
Purple Martin, *Purpurschwalbe* - E m

782 Progne chalybea, **Golondrina Azul Grande**
Gray-Breasted Martin, *Graubrustschwalbe* - C m

783 Progne modesta, **Golondrina Negra**
Southern Martin, *Gabelschwalbe* - C m

784 Notiochelidon cyanoleuca, **Golondrina Azul Chica**
Blue-and-White Swallow, *Schwarzsteisschwalbe* - C

785 Atticora melanoleuca, **Golondrina Acollarada**
Black-Collared Swallow, *Halsbandschwalbe* - E

786 Alopochelidon fucata, **Golondrina de Cabeza Castaña**
Tawny-Headed Swallow, *Fuchsschwalbe - C*

787 Stelgidopteryx ruficollis, **Golondrina Canela**
Rough-Winged Swallow, *Rauhflügelschwalbe* - C

788 Riparia riparia, **Golondrina zapadora**
Bank Swallow, *Uferschwalbe* - E m

789 Hirundo rustica, **Golondrina Tijerita**
Barn Swallow, *Rauchschwalbe* - C m

790 Petrochelidon pyrrhonota, **Golondrina de Rabadilla Castaña**
Cliff Swallow, *Fahlstirnschwalbe*

CORVIDAE: URRACAS, JAYS, RABENVÖGEL

791 Cyanocorax chrysops, **Urraca Común**
Plush-Crested Jay, *Kappenblaurabe* - C

792 Cyanocorax cyanomelas, **Urraca Morada**
Purplish Jay, *Purpurblaurabe* - E

793 Cyanocorax caeruleus, **Urraca Azul**
Azure Jay, *Azurblaurabe* - E

CINCLIDAE: MIRLOS DE AGUA, DIPPERS, WASSERAMSELN

794 Cinclus schulzi, **Mirlo de Agua**
Rufous-Throated Dipper, *Rostkehl-Wasseramsel* - C

TROGLODYTIDAE: RATONAS, WRENS, ZAUNKÖNIGE

795 Campylorhynchus turdinus, **Ratona Grande**
Thrush-Like Wren, *Drosselzaunkönig* - A

796 Cistothorus platensis, **Ratona Aperdizada**
Grass Wren, *Seggenzaunkönig* - C

797 Troglodytes aedon, **Ratona Común**
House Wren, *Hauszaunkönig* - C

798 Troglodytes solstitialis, **Ratona de Ceja Blanca**
Mountain Wren, *Rostbrauen-Zaunkönig* - C

POLIOPTILIDAE: TACUARITAS, GNATCATCHERS, MÜCKENFÄNGER

799 Polioptila dumicola, **Tacuarita Azul**
Masked Gnatcatcher, *Masken-Mückenfänger* - C

800 Polioptila lactea, **Tacuarita Blanca**
Cream-Bellied Gnatcatcher, *Rahmbauch-Mückenfänger* - E

MIMIDAE: CALANDRIAS, MOCKINGBIRDS THRASHERS, SPOTTDROSSELN

801 Mimus saturninus, **Calandria Común**
Chalk-Browed Mockingbird, *Camposspottdrossel* - C

802 Mimus patagonicus, **Calandria Gris**
Patagonian Mockingbird, *Rostflanken-Spottdrossel* - C

803 Mimus triurus, **Calandria Real**
White-Banded Mockingbird, *Weissbinden-Spottdrossel* - C

804 Mimus dorsalis, **Calandria Castaña**
Brown-Backed Mockingbird, *Braunrüken-Spottdrossel* - C

805 Donacobius atricapillus, **Calandria de Cabeza Negra**
Black-Capped Mockingthrush, *Rohrspottdrossel* - C

TURDIDAE: ZORZALES, THRUSHES, DROSSELN

806 Catharus dryas, **Zorzal Overo**
Spotted Nightingale-Thrush, *Tropfenbrust-Musendrossel* - E

807 Catharus ustulatus, **Zorzal Chico**
Swainson's Thrush, *Zwergdrossel* - C m

808 Hylocichla mustelina, **Zorzal de Cabeza Rojiza**
Wood Thrush, *Walddrossel* - A m

809 Platycichla flavipes, **Zorzal Azulado**
Yellow-Legged Thrush, *Köhlerdrossel* - R

810 Turdus chiguanco, **Chiguanco**
Chiguanco Thrush, *Chiguancodrossel* - C

811 Turdus serranus, **Zorzal Negro**
Glossy-Black Thrush, *Samtdrossel* - C

812 Turdus nigriceps, **Zorzal de Cabeza Negra**
Slaty Thrush, *Schwarzkopfdrossel* - C

813 Turdus subalaris, **Zorzal de Cabeza Gris**
Gray-Headed Thrush, *Graukopfdrossel* - C

814 Turdus rufiventris, **Zorzal Colorado**
Rufous-Bellied Thrush, *Rotbauchdrossel* - C

815 Turdus falcklandii, **Zorzal Patagónico**
Austral Thrush, *Magellandrossel* - C

816 Turdus leucomelas, **Zorzal de Alas Canela**
Pale-Breasted Thrush, *Fahlbrustdrossel* - C

817 Turdus amaurochalinus, **Chalchalero**
Creamy-Bellied Thrush, *Rahmbauchdrossel* - C

818 Turdus albicollis, **Zorzal de Flancos Canela**
White-Necked Thrush, *Trauerdrossel* - C

MOTACILLIDAE: CACHIRLAS, PIPITS, PIEPER

819 Anthus furcatus, **Cachirla de Uña Corta**
Short-Billed Pipit, *Weissbauchpieper* - C

820 Anthus lutescens, **Cachirla Chica**
Yellowish Pipit, *Savannenpieper* - C

821 Anthus chacoensis, **Cachirla Chaqueña**
Chaco Pipit, *Chacopieper* - C

822 Anthus hellmayri, **Cachirla Pálida**
Hellmayr's Pipit, *Hellmayrpieper* - C

823 Anthus correndera, **Cachirla Común**
Correndera Pipit, *Kamppieper* - C

824 Anthus nattereri, **Cachirla Dorada**
Ochre-Breasted Pipit, *Ockerbrustpieper* - E

825 Anthus antarcticus, **Cachirla Grande**
South Georgia Pipit, *Riesenpieper* - E

826 Anthus bogotensis, **Cachirla Andina**
Paramo Pipit, *Paramopieper* - E

VIREONIDAE: JUAN CHIVIROS CHIVIES, PEPPERSHRIKES VIREOS, DICKSCHNABELVIREOS VIREOS

827 Cyclarhis gujanensis, **Juan Chiviro**
Rufous-Browed Peppershrike, *Rostbrauenvireo* - C

828 Vireo olivaceus, **Chiví Común**
Red-Eyed Vireo, *Rotaugenvireo* - C m

829 Hylophilus poicilotis, **Chiví Coronado**
Rufous-Crowned Greenlet, *Rostkappenvireo* - C

PARULIDAE: ARAÑEROS, WOOD-WARBLERS, WALDSÄNGER

830 Parula pitiayumi, **Pitiayumí**
Tropical Parula, Elfenwaldsänger - C

831 Dendroica striata, **Arañero Estriado**
Blackpoll Warbler, Kappenwaldsänger - A m

832 Geothlypis aequinoctialis, **Arañero de Cara Negra**
Masked Yellowthroat, Maskengelbkehlchen - C

833 Myioborus brunniceps, **Arañero de Cabeza Castaña**
Brown-Capped Redstart, Braunkappen-Waldsänger - C

834 Brasileuterus leucoblepharus, **Arañero Ceniciento**
White Browed Warbler, Olivflanken-Waldsänger - C

835 Basileuterus signatus, **Arañero de Ceja Amarilla**
Pale-Legged Warbler, Peruwaldsänger - C

836 Basileuterus bivittatus, **Arañero Coronado Grande**
Two-Banded Warbler, Bindenwaldsänger - C

837 Basileuterus culicivorus, **Arañero Coronado Chico**
Golden-Crowned Warbler, Goldhähnchen-Waldsänger - C

838 Basileuterus rivularis, **Arañero Ocráceo**
River Warbler, Flusswaldsänger - C

COEREBIDAE: SAIES PAYADORES, HONEYCREEPERS, ZUCKERVÖGEL

839 Coereba flaveola, **Saí Amarillo**
Bananaquit, Zuckervogel - C

840 Conirostrum speciosum, **Saí Común**
Chestnut-Vented Conebill, *Rotsteiss-Spitzschnabel* - E

841 Diglossa baritula, **Payador**
Slaty Flower-Piercer, *Zimtbauch-Hakenschnabel* - E

842 Dacnis cayana, **Saí Azul**
Blue Dacnis, *Blaukopfpitpit* - C

TERSINIDAE: TANGARAES GOLONDRINA, SWALLOW-TANAGERS, SCHWALBENTANGAREN

843 Tersina viridis, **Tangará Golondrina**
Swallow-Tanager, *Schwalbentangare* - C

THRAUPIDAE: TANGARAES, TANAGERS, TANGAREN

844 Chlorophonia cyanea, **Tangará de Cabeza Verde**
Blue-Naped Chlorophonia, *Grünorganist* - E

845 Euphonia musica, **Tangará de Cabeza Celeste**
Blue-Hooded Euphonia, *Blauscheitelorganist* - C

846 Euphonia chlorotica, **Tangará de Garganta Violácea**
Purple-Throated Euphonia, *Purpurkehlorganist* - C

847 Euphonia violacea, **Tangará Amarillo**
Violaceous-Euphonia, *Veilchenorganist* - C

848 Euphonia pectoralis, **Tangará de Vientre Castaño**
Chestnut-Bellied Euphonia, *Braunbauchorganist* - C

849 Euphonia chalybea, **Tangará de Garganta Verde**
Green-Throated Euphonia, *Grünkehlorganist* - E

850 Pipraeidea melanonota, **Tangará de Antifaz**
Fawn-Breasted Tanager, *Schwarzrückentangare* - C

851 Tangara seledon, **Tangará Arcoiris**
Green-Headed Tanager, *Dreifarbentangare* - C

852 Tangara cyanocephala, **Tangará de Cuello Castaño**
Red-Necked Tanager, *Blaukappentangare* - E

853 Tangara preciosa, **Tangará Castaño**
Chestnut-Backed Tanager, *Prachttangare* - E

854 Tangara cayana, **Tangará de Pecho Negro**
Burnished-Buff Tanager, *Isabelltangare* - E

855 Stephanophorus diadematus, **Cardenal Azul**
Diademed Tanager, *Diademtangare* - C

856 Thraupis sayaca, **Celestino**
Sayaca Tanager, *Prälattangare* - C

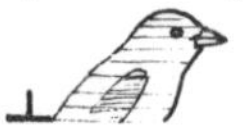

857 Thraupis bonariensis, **Naranjero**
Blue-and-Yellow Tanager, *Furchentangare* - C

858 Ramphocelus bresilius, **Tangará Rojo**
Brazilian Tanager, *Purpurtangare* - A

859 Piranga flava, **Fueguero**
Hepatic Tanager, *Zinnobertangare* - C

860 Habia rubica, **Tangará Copetón**
Red-Crowned Ant-Tanager, *Karminhabia* - C

861 Tachyphonus rufus, **Tangará Negro Grande**
White-Lined Tanager, *Schwarztangare* - C

862 Tachyphonus coronatus, **Tangará Negro Chico**
Ruby-Crowned Tanager, *Krontangare* - C

863 Trichothraupis melanops, **Tangará de Corona Amarilla**
Black-Goggled Tanager, *Haarschopftangare* - C

864 Pyrrhocoma ruficeps, **Tangará de Cabeza Castaña**
Chestnut-Headed Tanager, *Zimtkopftangare* - C

865 Nemosia pileata, **Tangará de Cabeza Negra**
Hooded Tanager, *Nemosia* - R

866 Hemithraupis guira, **Tangará de Pecho Rojizo**
Guira Tanager, *Guiratangare* - C

867 Thlypopsis sordida, **Tangará de Cabeza Naranja**
Orange-Headed Tanager, *Orangekopftangare* - C

868 Thlypopsis ruficeps, **Tangará de Cabeza Rojiza**
Rust-and-Yellow Tanager, *Goldkappentangare* - E

869 Chlorospingus ophthalmicus, **Tangará de Ojo Blanco**
Common Bush-Tanager, *Finkentangare* - C

870 Cissopis leveriana, **Tangará Overo**
Magpie Tanager, *Elsterling* - C

CATAMBLYRHYNCHIDAE: TANGARAES CORONADOS, PLUSH-CAPPED FINCHES, PLÜSCHKOPFTANGAREN

871 Catamblyrhynchus diadema, **Tangará Coronado**
Plush-Capped Finch, *Plüschkopftangare* - E

FRINGILLIDAE: PEPITEROS CARDENALES CORBATITAS JILGUEROS CHANCHITOS AFRECHEROS MONTERITAS ETC., GROSBEAKS SEEDEATERS FINCHES ETC., KERNKNACKER SCHARRAMMERN SÜDAMMERN FINKENAMMERN ETC.

872 Saltator similis, **Pepitero Verdoso**
Green-Winged Saltator, *Grünschwingensaltator* - C

873 Saltator coerulescens, **Pepitero Gris**
Grayish Saltator, *Grausaltator*

874 Saltator maxillosus, **Pepitero de Pico Grueso**
Thick-Billed Saltator, *Dickschnabelsaltator* - R

875 Saltator aurantiirostris, **Pepitero de Collar**
Golden-Billed Saltator, *Goldschnabelsaltator* - C

876 Saltator rufiventris, **Pepitero Colorado**
Rufous-Bellied Saltator, *Rotbauchsaltator* - E

877 Pitylus fuliginosus, **Pepitero Negro**
Black-Throated Grosbeak,
Papageischnabelsaltator - C

878 Gubernatrix cristata, **Cardenal Amarillo**
Yellow Cardinal, *Grünkardinal* - C

879 Paroaria coronata, **Cardenal Común**
Red-Crested Cardinal, *Graukardinal* - C

880 Paroaria capitata, **Cardenal Chico**
Yellow-Billed Cardinal, *Mantelkardinal* - C

881 Pheucticus aureoventris, **Rey del Bosque**
Black-Backed Grosbeak, *Goldbauch-Kernknacker* - C

882 Cyanocompsa brissonii, **Reina Mora**
Ultramarine Grosbeak, *Ultramarinbischof* - C

883 Cyanoloxia glaucocaerulea, **Azulejo**
Indigo Grosbeak, *Türkisbischof* - C

884 Sporophila obscura, **Corbatita Pardo**
Dull-Colored Seedeater, *Braunpfäffchen* - C

885 Volatinia jacarina, **Arrocero Negro**
Blue-Black Grassquit, *Jacarini* - C

886 Sporophila frontalis, **Corbatita Oliváceo**
Buffy-Fronted Seedeater, *Riesenpfäffchen* - R

887 Sporophila falcirostris, **Cigarrita**
Temminck's Seedeater, *Falzschnabelpfäffchen* - A

888 Sporophila plumbea, **Corbatita Plomizo**
Plumbeous Seedeater, *Graupfäffchen* - R

889 Sporophila collaris, **Corbatita de Collar**
Rusty-Collared Seedeater, *Erzpfäffchen* - C

890 Sporophila lineola, **Corbatita de Frente Blanca**
Lined Seedeater, *Diamantpfäffchen* - C

891 Sporophila nigricollis, **Corbatita de Vientre Amarillo**
Yellow-Bellied Seedeater, *Gelbbauchpfäffchen* - E

892 Sporophila caerulescens, **Corbatita Común**
Double-Collared Seedeater, *Schmuckpfäffchen* - C

893 Sporophila leucoptera, **Corbatita de Pico Grueso**
White-Bellied Seedeater, *Zweifarbenpfäffchen* - E

894 Sporophila bouvreuil, **Corbatita de Corona Negra**
Capped Seedeater, *Orangepfäffchen* - E

895 Sporophila minuta, **Capuchino Canela**
Ruddy-Breasted Seedeater, *Zwergpfäffchen* - C

896 Sporophila ruficollis, **Capuchino de Garganta Café**
Dark-Throated Seedeater, *Ockerbrustpfäffchen* - C

897 Sporophila hypochroma, **Capuchino Castaño**
Rufous-Rumped Seedeater, *Rotbürzelpfäffchen* - E

898 Sporophila cinnamomea, **Capuchino de Corona Gris**
Chestnut Seedeater, *Zimtpfäffchen* - E

899 Sporophila palustris, **Capuchino de Pecho Blanco**
Marsh Seedeater, *Sumpfpfäffchen* - E

900 Sporophila zelichi, **Capuchino de Collar**
Zelich's Seedeater, *Zelichpfäffchen* - R

901 Oryzoborus angolensis, **Arrocero Castaño**
Lesser Seed-Finch, *Schwarzkopf-Reisknacker* - C

902 Amaurospiza moesta, **Arrocero Azul**
Blackish-Blue Seedeater, *Weissachselpfäffchen* - C

903 Catamenia analis, **Pico de Oro Chico**
Band-Tailed Seedeater, *Spiegelcatamenie* - C

904 Catamenia inornata, **Pico de Oro Grande**
Plain-Colored Seedeater, *Schlichtcatamenie* - C

905 Sicalis citrina, **Jilguero de Cola Blanca**
Stripe-Tailed Yellow-Finch, *Zitronengilbammer* - E

906 Sicalis lutea, **Jilguero Puna**
Puna Yellow-Finch, *Puna-Safranammer* - E

907 Sicalis uropygialis, **Jilguero de Cara Gris**
Bright-Rumped Yellow-Finch, *Goldbürzel-Gilbammer* - C

908 Sicalis olivascens, **Jilguero Oliváceo**
Greenish Yellow-Finch, *Olivbrust-Gilbammer* - C

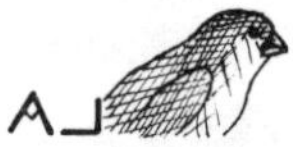

909 Sicalis lebruni, **Jilguero Ceniciento**
Patagonian Yellow-Finch, *Magellangilbammer* - C

910 Sicalis auriventris, **Jilguero Grande**
Greater Yellow-Finch, *Goldbauch-Gilbammer* - R

911 Sicalis flaveola, **Jilguero Común**
Saffron Finch, *Safranammer* - C

912 Sicalis luteola, **Misto**
Grassland Yellow-Finch, *Kurzschnabel-Gilbammer* - C

913 Diuca speculifera, **Diuca de Alas Blancas**
White-Winged Diuca-Finch, *Spiegeldiuka* - E

914 Diuca diuca, **Diuca Común**
Common Diuca-Finch, *Braunsteissdiuka* - C

915 Idiopsar brachyurus, **Chanchito Grande**
Short-Tailed Finch, *Kurzschwanzdiuka* - E

916 Phrygilus patagonicus, **Chanchito Amarillo Chico**
Patagonian Sierra-Finch, *Magellanämmerling* - C

917 Phrygilus gayi, **Chanchito Amarillo Grande**
Gray-Hooded Sierra-Finch,
Cordillerenämmerling - C

918 Phrygilus atriceps, **Chanchito de Cabeza Negra**
Black-Hooded Sierra-Finch, *Kapuzenämmerling* - C

919 Phrygilus fruticeti, **Chanchito Bataraz**
Mourning Sierra-Finch, *Strauchämmerling* - C

920 Phrygilus unicolor, **Chanchito Plomizo**
Plumbeous Sierra-Finch, *Bleiämmerling* - C

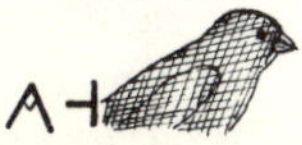

921 Phrygilus dorsalis, **Chanchito de Dorso Castaño**
Red-Backed Sierra-Finch, *Braunmantelämmerling* - E

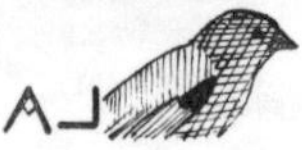

922 Phrygilus plebejus, **Plebeyo**
Ash-Breasted Sierra-Finch, *Aschbrustämmerling* - C

923 Phrygilus alaudinus, **Platero**
Band-Tailed Sierra-Finch,
Schwanzfleckenämmerling - C

924 Phrygilus carbonarius, **Chanchito Carbonero**
Carbonated Sierra-Finch,
Schwarzbrustämmerling - C

925 Melanodera melanodera, **Yal de Ceja Blanca**
Black-Throated Finch, *Schwarzkehl-Ammerfink* - E

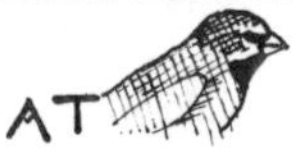

926 Melanodera xanthogramma, **Yal de Ceja Amarilla**
Yellow-Bridled Finch, *Zügelammerfink* - E

927 Haplospiza unicolor, **Afrechero plomizo**
Uniform Finch, *Einfarbämmerling* - C

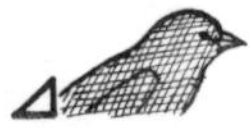

928 Lophospingus pusillus, **Afrechero Copetón Negro**
Black-Crested Finch, *Schwarzhauben-Zwergkardinal* - C

929 Lophospingus griseocristatus, **Afrechero Copetón Gris**
Gray-Crested Finch, *Grauhauben-Zwergkardinal* - R

930 Charitospiza eucosma, **Afrechero Copetón Gris**
Coal-Crested Finch, *Weissohr-Zwergkardinal* - R

931 Coryphospingus cucullatus, **Brasita de Fuego**
Red-Crested Finch, *Rotrücken-Kronfink* - C

932 Atlapetes fulviceps, **Afrechero de Cabeza Castaña**
Fulvous-Headed Brush-Finch, *Braunbart-Buschammer* - C

933 Atlapetes citrinellus, **Afrechero de Cabeza Castaña**
Yellow-Striped Brush-Finch, *Schwarzbart-Buschammer* - C

934 Atlapetes torquatus, **Afrechero Grande**
Stripe-Headed Brush-Finch, *Streifenkopf-Buschammer* - C

935 Arremon flavirostris, **Afrechero de Collar**
Saffron-Billed Sparrow, *Zitronenschnabel-Ruderammer* - C

936 Aimophila strigiceps, **Cachilo de Corona Castaña**
Stripe-Capped Sparrow, *Dabbeneammer* - C

937 Ammodramus humeralis, **Cachilo de Ceja Amarilla**
Grassland Sparrow, *Wachtelammer* - C

938 Zonotrichia capensis, **Chingolo**
Rufous-Collared Sparrow, *Morgenammer* - C

939 Emberizoides herbicola, **Cachilo Coludo Grande**
Wedge-Tailed Grass-Finch, *Keilschwanzammer* - C

940 Emberizoides ypiranganus, **Cachilo Coludo Chico**
Lesser Grass-Finch, *Ypirangaammer* - E

941 Coryphaspiza melanotis, **Cachilo de Cara Negra**
Black-Masked Finch, *Camposammer* - E

942 Donacospiza albifrons, **Cachilo Canela**
Long-Tailed Reed-Finch, *Riedammerfink* - C

943 Poopiza hypochondria, **Monterita de Pecho Gris**
Rufous-Sided Warbling-Finch, *Rotflanken-Ammerfink* - C

944 Poospiza torquata, **Monterita de Collar**
Ringed Warbling-Finch, *Bandammerfink* - C

945 Poospiza melanoleuca, **Monterita de Cabeza Negra**
Black-Capped Warbling-Finch, *Schwarzwangen-Ammerfink* - C

946 Poospiza nigrorufa, **Monterita Común**
Black-and-Rufous Warbling-Finch,
Rotbrust-Ammerfink - C

947 Poospiza whitii, **Monterita Oscura**
Chestnut Warbling-Finch,
Kastanienbrust-Ammerfink - C

948 Poospiza erythrophrys, **Monterita de Ceja Castaña**
Rusty-Browed Warbling-Finch,
Rostbrauen-Ammerfink - C

949 Poospiza ornata, **Monterita Canela**
Cinnamon Warbling-Finch, *Schmuckammerfink* - C

950 Poospiza lateralis, **Monterita de Rabadilla Castaña**
Red-Rumped Warbling-Finch, *Rotbürzel-Ammerfink* - C

951 Compsospiza baeri, **Afrechero de Garganta Castaña**
Tucumán Mountain-Finch, *Baerammerfink* - E

952 Saltatricula multicolor, **Pepitero Chico**
Many-Colored Chaco-Finch, *Vielfarbenammer* - C

953 Embernagra platensis, **Verdón**
Great Pampa-Finch, *Pampaammer* - C

954 Carduelis crassirostris, **Cabecita Negra Picudo**
Thick-Billed Siskin, *Dickschnabelzeisig* - E

955 Carduelis magellanicus, **Cabecita Negra Común**
Hooded Siskin, *Magellanzeisig* - C

956 Carduelis atratus, **Cabecita Negra Oscuro**
Black Siskin, *Schwarzzeisig* - C

957 Carduelis uropygialis, **Cabecita Negra de Capucho**
Yellow-Rumped Siskin, *Kordillerenzeisig* - E

958 Carduelis barbatus, **Cabecita Negra de Corbata**
Black-Chinned Siskin, *Bartzeisig* - C

959 Carduelis chloris, **Verderón**
Greenfinch, *Grünling* - C

ICTERIDAE: BOYEROS TORDOS ETC., AMERICAN-ORIOLES BLACKBIRDS ETC., STÄRLINGE

960 Molothrus bonariensis, **Tordo Renegrido**
Shiny Cowbird, *Seidenkuhstärling* - C

961 Molothrus rufoaxillaris, **Tordo de Pico Corto**
Screaming Cowbird, *Rotachsel-Kuhstärling* - C

962 Molothrus badius, **Tordo Mulato**
Bay-Winged Cowbird, *Braunkuhstärling* - C

963 Scaphidura oryzivora, **Tordo Negro Gigante**
Giant Cowbird, *Riesenkuhstärling* - C

964 Psarocolius decumanus, **Boyero de Cola Amarilla**
Crested Oropendola, *Krähenstirnvögel* - E

965 Cacicus haemorrhous, **Boyero de Rabadilla Roja**
Red-Rumped Cacique, *Rotbürzelkassike* - C

966 Cacicus chrysopterus, **Boyero de Alas Amarillas**
Golden-Winged Cacique, *Goldschulterkassike* - C

967 Cacicus solitarius, **Boyero Negro**
Solitary Black Cacique, *Stahlkassike* - C

968 Curaeus curaeus, **Tordo Negro Patagónico**
Austral Blackbird, *Stachelkopfstärling* - C

969 Gnorimopsar chopi, **Chopí**
Chopi Blackbird, *Chopistärling* - C

970 Icterus cayanensis, **Tordo de Alas Amarillas**
Epaulet Oriole, *Epaulettentrupial* - C

971 Icterus icterus, **Matico**
Troupial, *Orangetrupial* - E

972 Agelaius thilius, **Alférez**
Yellow-Winged Blackbird, *Goldschulterstärling* - C

973 Agelaius ruficapillus, **Tordo Varillero**
Chestnut-Capped Blackbird, *Braunkopfstärling* - C

974 Agelaius cyanopus, **Tordo Negro Chico**
Unicolored Blackbird, *Einfarbstärling* - C

975 Agelaius flavus, **Tordo Amarillo**
Saffron-Cowled Blackbird, *Gilbstärling* - R

976 Amblyramphus holosericeus, **Federal**
Scarlet-Headed Blackbird, *Rotkopfstärling* - C

977 Pseudoleistes guirahuro, **Pecho Amarillo Grande**
Yellow-Rumped Marshbird, *Gelbbürzelstärling* - C

978 Pseudoleistes virescens, **Pecho Amarillo Chico**
Brown-and-Yellow Marshbird, *Drachenstärling* - C

979 Sturnella superciliaris, **Pecho Colorado Chico**
White Browed Blackbird, *Weissbrauenstärling* - C m

980 Sturnella loyca, **Pecho Colorado Grande**
Long-Tailed Meadowlark, *Langschwanz-Soldatenstärling* - C

981 Sturnella defilippi, **Pecho Colorado Mediano**
Lesser Red-Breasted Meadowlark, *Schwarzschenkel-Soldatenstärling* - C

982 Dolichonyx oryzivorus, **Charlatán**
Bobolink, *Bobolink* - C m

PLOCEIDAE: GORRIONES, SPARROWS, SPERLINGE

983 Passer domesticus, **Gorrión**
House Sparrow, *Haussperling* - C

NOTAS

MAPA DEL CONO SUR CON LA REPUBLICA ARGENTINA
KARTE-DES-SÜDLICHEN-TEIL-AMERIKAS-MIT-REP. ARGENTINIEN

PROVINCIAS CAPITAL DE PROVINCIA
PROVINCES PROVINCIAL CAPITALS
PROVINZEN HAUPTSTADT

BA	BUENOS AIRES	LA PLATA
CA	CATAMARCA	SAN FERNANDO DEL VALLE DE C.
CB	CHUBUT	RAWSON
CC	CHACO	RESISTENCIA
CF	CAPITAL FEDERAL	BUENOS AIRES
CD	CORDOBA	CORDOBA
CR	CORRIENTES	CORRIENTES
ER	ENTRE RIOS	ENTRE RIOS
FO	FORMOSA	FORMOSA
JU	JUJUY	SAN SALVADOR DE J.
LP	LA PAMPA	SANTA ROSA
LR	LA RIOJA	LA RIOJA
MZ	MENDOZA	MENDOZA
MI	MISIONES	POSADAS
NQ	NEUQUEN	NEUQUEN
RN	RIO NEGRO	VIEDMA
SC	SANTA CRUZ	RIO GALLEGOS
SF	SANTA FE	SANTA FE
SA	SALTA	SALTA
SJ	SAN JUAN	SAN JUAN
SL	SAN LUIS	SAN LUIS
SE	SANTIAGO DEL ESTERO	SGO. DEL E.
TU	TUCUMAN	SAN MIGUEL DE T.
TF	TIERRA DEL FUEGO	USHUAIA

Diseño y Producción Gráfica VICTOR C. SARRACINO Tel.: 753-3107

INDICE

LATIN

D

E

F

G

H

I

R

S

T

U

V

X

Z

ESPAÑOL

H

I

J

L

M

Q

R

S

T

Q

R

S

T

U

V

W

Y

Z

ALEMAN

A

B

C

D

E

F

G

S

T

U

V

W

Y

Z